特進

最高水準問題集

中学歴史

文英堂

本書のねらい

いろいろなタイプの問題集が存在する中で，トップ層に特化した問題集は意外に少ないといわれます。本書はこの要望に応えて，難関高校をめざす皆さんの実力練成のための良問・難問を揃えました。

本書を大いに活用して，どんな問題にぶつかっても対応できる最高レベルの実力を身につけてください。

本書の特色と使用法

国立・私立難関高校をめざす皆さんのための問題集です。実力強化にふさわしい，質の高い良問・難問を集めました。

- 本書は，最高水準の問題を解いていくことによって，各章の内容を確実に理解するとともに最高レベルの実力が身につくようにしてあります。
- 二度と出題されないような奇問は除いたので，日常学習と並行して，学習できます。もちろん，入試直前期に，ある章を深く掘り下げて学習するために本書を用いることも可能です。
- 各問題には[タイトル]をつけて，どんな内容の問題であるかがひと目でわかるようにしてあります。
- 中学での履修内容の発展として出題されることもある，難問・超難問も掲載しました。難関私立高校では頻出の項目を網羅してありますので，挑戦してください。

2

「実力テスト」で，これまでに学んだ知識の確認と実力の診断ができます。

- 広いまとまりごとにある**実力テスト**で，自分の実力を診断しましょう。50分で70点以上が目標です。
- **実力テスト**の結果，まちがった問題があれば，それと関連している問題にもどって復習し，弱点の克服をしておきましょう。

時間やレベルに応じて，学習しやすいようにさまざまな工夫をしています。

- 重要な問題には < 頻出 マークをつけました。時間のないときには，この問題だけ学習すれば短期間での学習も可能です。
- 各問題には１～３個の★をつけてレベルを表示しました。★の数が多いほどレベルは高くなります。学習初期の段階では★１個の問題だけを，学習後期では★３個の問題だけを選んで学習するということも可能です。
- とくに難しい問題については 難 マークをつけました。果敢(かかん)にチャレンジしてください。
- 欄外にヒントとして 着眼 を設けました。どうしても解き方がわからないとき，これらを頼りに方針を練ってください。

くわしい 解説 つきの別冊「解答と解説」。どんな難しい問題でも必ずわかります。

- 別冊の解答と解説には，各問題の考え方や解き方がわかりやすく解説されています。わからない問題は，一度解答を見て方針をつかんでから，もう一度自分１人で解いてみるといった学習をお勧めします。
- 必要に応じて **トップコーチ** を設け，知っているとためになる知識や，高校入試に関する情報を載せました。

もくじ

時代順の問題

▲ 復元された竪穴住居（静岡市・登呂遺跡）

ここでは，学校の授業や教科書の学習に合わせて問題練習ができるよう，時代順に問題を編集しています。各時代の動きや特徴を，しっかりとらえるようにしましょう。

1 文明のおこりと日本の成り立ち

解答 別冊 p.2

★1 [人類の誕生と古代文明] 頻出

次の各問いに答えなさい。（長崎・青雲高改）

問1 人類の進化についての文として誤っているものを，次から1つ選び，記号で答えよ。

ア 最も古い人類である猿人はアフリカ南部で出現した。

イ 50万年ほど前に出現した北京原人は，洞穴に住み火を使用した。

ウ 10万年ほど前に現在の人類の直接の祖先である新人が出現した。

エ 旧石器時代の人類は，表面を加工して鋭い刃をもつ磨製石器を使用していた。

問2 古代文明に関して述べた文として正しいものを，次から1つ選び，記号で答えよ。

ア 黄河流域におこった殷では，甲骨文字や鉄製の武器を使用していた。

イ パキスタン国内を流れるインダス川の下流にバビロンの都市遺跡がある。

ウ メソポタミア文明では楔形文字を使用し，文字は粘土板に刻んでいた。

エ ナイル川下流に栄えたエジプト文明では象形文字を使用し，ユダヤ教が成立した。

★2 [古代エジプト]

古代エジプトに関して述べた文としてあてはまるものを次のア～エから選び，その記号を書きなさい。（奈良・東大寺学園高改）

ア くさび形文字が使われ，ハンムラビ法典がつくられた。

イ 天文学・測量術・土木技術などが発達し，太陽暦がつくられた。

ウ モヘンジョ=ダロなどのれんがづくりの都市が計画的につくられた。

エ コロセウム・水道橋などがつくられ，一神教が広まった。

★3 [世界の古代文明]

次の写真A・Bに関して，問いに答えなさい。（大阪産業大附高改）

写真A（パルテノン神殿）

写真B（万里の長城）

問1 写真Aが建造された時代の状況について述べた正しい文を，次のア～エから1つ選び，記号で答えよ。

ア ナイル川の流域に王国が形成され，絶大な権力を持つ王は巨大なピラミッドなどを建造した。

イ　ティグリス・ユーフラテス川の流域に都市国家が形成され，青銅器やくさび形文字が使用された。

ウ　ポリスと呼ばれる都市国家が形成され，直接民主政治が発達した。

エ　ローマ帝国がヨーロッパの各地を支配し，後に世界的な宗教となるキリスト教が生まれた。

問2　写真Bについて，紀元前3世紀に初めて中国を統一し，北方の騎馬民族（匈奴(きょうど)）の進入を防ぐために万里の長城を建造した人物名を**漢字**で答えよ。

★★4　[古代社会の様子]　＜頻出

世界の歴史に関して，次の問いに答えなさい。　(大阪教育大附高天王寺改)

問　次のア～オの文は，世界各地の古代社会に関して述べたものである。この5つの文の中から正しいものを2つ選び，記号で答えよ。

ア　古代メソポタミアでは，僧侶であるバラモンを頂点とした身分制度が成立していた。

イ　ナイル川流域で栄えたエジプト文明では，太陽暦のほかに七曜制や六十進法も考案された。

ウ　中国の孔子は，親子・兄弟の秩序を大切にすることを説き，その言動が『論語』に記された。

エ　秦の始皇帝は，北方の遊牧民族との交易を進めるためにシルクロードを開いた。

オ　ギリシアのアテネでは民主政治が発展したが，女性や奴隷は参加することができなかった。

★5　[古代の人物]

次の問いに答えなさい。　(茨城高)

問1　次の各文の空欄に最も適する語句を語群から選び，記号（ア～オ）で答えよ。

A　春秋・戦国の揺れ動く時代のなかでさまざまな思想家が生まれた。なかでも（　1　）は，人々が行いを正しくし，礼儀を守れば，国がよくなると説いた。この考えはのちに儒教となり，中国や東アジアの政治と文化に大きな影響を与えた。

B　仏教はインドで（　2　）によりひらかれた。人はみな平等であり，心の迷いを取り去れば，誰でも苦しみから救われると説いた。その後仏教は，中国や朝鮮，日本にも伝えられた。

C　紀元1世紀のローマ帝国には（　3　）があらわれ，悩む者，貧しい者は神の愛によって救われると説いた。彼の死後，（　3　）が神の子であると信じるキリス

着眼

2　ア．ハムラビ（ハンムラビ）法典は，紀元前18世紀頃，バビロンのハムラビ（ハンムラビ）王が制定した成文法。「目には目を，歯には歯を」の復讐法の原則で有名。ウ．モヘンジョ＝ダロは，インダス川下流域にある遺跡。

ト教が生まれ，4世紀にはローマ皇帝もこれを認めて国の宗教とした。

D ヨーロッパでローマ帝国が栄えていた頃，中国では漢王朝が中央アジアにまで領土を拡大していた。この2つの大帝国のもとで東西を結ぶ交通路が整備され，馬やぶどうが中国に伝わった。この道は中国から伝わった「ある物」にちなんで（ 4 ）とよばれた。

ア シルクロード　イ シャカ（釈迦）　ウ 孔子

エ イエス　オ マホメット

問2 Aの文章に関して，中国文明で使用されていた文字はどのようなものか。下のア～ウから選び，記号で答えよ。

☆☆6 ［2世紀の世界］ ＜頻出

次の地図は2世紀の世界をあらわしたものです。この地図に関してあとの問いに答えなさい。

（奈良・西大和学園高改）

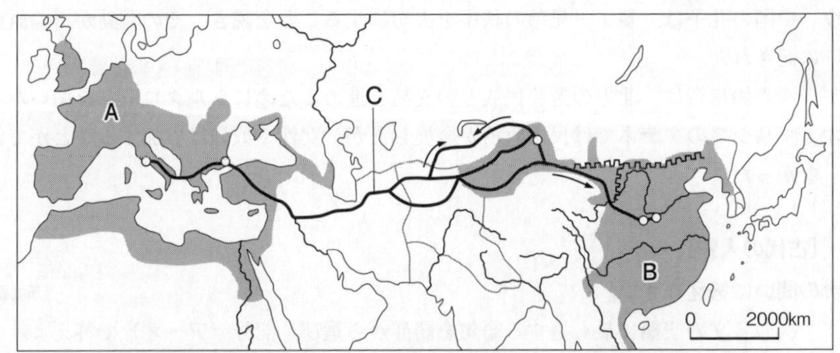

問1 Aの国について述べたものを，次のア～カからすべて選び，記号で答えよ。

ア ペルシャ戦争において，ペルシャ軍を破り，地中海世界を守った。

イ 長い間共和政をとっていたが，のちに皇帝が政治をとる帝政が行われた。

ウ インド西部にまでいたる東方遠征を行い，大帝国を築いた。

エ コロッセウムがつくられ，奴隷と猛獣との格闘などが演じられた。

オ 民会が政治の最高議決機関であり，18歳以上の男子市民全員が参加した。

カ キリスト教が広まり，当初は迫害されていたが，のちに国教となった。

問2 Bの国（王朝）はおよそ400年間にわたり支配した。この間の出来事として正しいものを，次のア～カからすべて選び，記号で答えよ。

ア 蔡倫（さいりん）が製紙法を改良した。

イ 北方の遊牧民の侵入を防ぐために万里の長城を初めて築いた。

ウ　朝鮮半島北部に楽浪郡などがおかれた。

エ　漢字のもととなる甲骨文字がつくられた。

オ　度量衡や貨幣の統一を初めて本格的に行った。

カ　鉄製農具が使用され始め，農業生産力が飛躍的に高まった。

問３　ＣはＡ・Ｂの国を結んだ交易路であるが，何というか答えよ。

★7 [旧石器時代〜新石器時代]

次の文を読んで，文中の下線部①・②について，あとの問いに答えなさい。

（奈良・東大寺学園高改）

貝は，①食料や装身具以外にも，古来さまざまに利用されてきた。②貨幣や染料のほか，螺鈿（らでん）などのように工芸に利用されたり，貝覆（かいおおい）などの遊具に使用されたりしてきた。

問１　下線部①について，次の各問いに答えよ。

(1)　人々が食料として貝を大量に消費するようになったのは，ヨーロッパの遺跡からみて，旧石器時代頃（ころ）と考えられている。旧石器時代に関して述べた文として正しいものを次のア〜エから選び，その記号を書け。

ア　人々は，洞穴などに住み，火の使用はまだ知らなかった。

イ　人々は，打製石器で矢をつくったり，犬を使ったりして狩りをした。

ウ　今から約３万年前，氷期が終わって環境が大きく変わり，旧石器時代は終わった。

エ　日本の旧石器時代の存在は，第二次世界大戦後，岩宿遺跡の発掘によって確認された。

(2)　日本では，縄文時代の頃，貝は重要な食料源であった。縄文時代に関して述べた文として**誤っているもの**を次のア〜エから選び，その記号を書け。

ア　貝塚からは，食べ物の残りかすのほか，破損のない土器や骨角器，人骨なども出土する。

イ　磨製石器のほか，薄くて硬く，赤みを帯び，形の整った土器が使われるようになった。

ウ　集落の中には，長期間存続したり，その中に掘立柱建物が建てられたりしたものがあった。

エ　一部の地域では，緑豆・ひょうたん・そば・くり・稲などの栽培が行われていた。

問２　下線部②は，中国では，貝からやがて青銅に代わっていった。青銅貨幣が使われはじめた頃の中国は，春秋・戦国時代と呼ばれる戦乱が繰り返された時代で，多くの思想家が現れて活躍した。孔子はその一人で，その教えは後に儒教となり，東アジア世界に大きな影響を及ぼした。儒教の教えとして**あてはまらないもの**を次のア

着眼

6　問１　Ａの国は，ローマ帝国である。最盛期には，ブリテン島から北アフリカ，小アジアに至る広大な領域を支配した。問２　Ｂの国は，漢である。

〜エから選び，その記号を書け。

ア 親子・兄弟などの秩序を大切にすること。

イ 思いやりの心を大切にし，礼儀を守ること。

ウ 無常をさとり，欲望や心の迷いを捨てること。

エ 国は，道徳を中心として治められるべきこと。

★8 [土器の使用] ＜頻出

次の文章を読んで，あとの問いに答えなさい。 (奈良・帝塚山高改)

1877年，アメリカ人のモースは東京都の（ 1 ）貝塚を発掘した。このとき見つかった土器には縄目の文様がついていたので（ 2 ）土器と名づけられ，この土器が使われていた時代を（ 2 ）時代と呼ぶようになった。（ 2 ）時代の人々は，黒曜石など生活に必要なものを手に入れるため，遠くはなれた集落に出かけていき，取り引きを行っていた。

問 文章中の（ ）にあてはまる語句を漢字で答えよ。

★9 [縄文時代]

次の文章を読んで，空欄（ a ）にあてはまるもっとも適当な語句を答え，かつ下線部に関する問いに答えなさい。 (大阪・桃山学院高改)

今からおよそ1万年前に，最後の氷期が終わると，地球の温暖化がすすみ，日本列島ができあがった。温暖化がすすむと，日本列島の気候も大きく変動し，人々の生活も大きく変えなければならなくなった。およそ1万年前から，本格的に稲作がひろがるまでのこの時代を，<u>縄文時代</u>とよんでいる。青森県の三内丸山遺跡では，大きな建造物の柱跡が発見されており，当時の人々が高い技術力をもっていたことが知られている。地面を掘り下げて床とし，その上に屋根をかける（ a ）の跡も，この時代の遺跡から多く発見されており，定住生活の様子をかいま見ることができる。

問 下線部の説明として明らかに誤っているものを，次のア〜エから1つ選び，記号で答えよ。

ア このころから磨製石器が使われるようになった。

イ 弓矢や丸木舟がつくられ，狩りや漁をした。

ウ 保存用だけではなく，調理用にも土器が使用されるようになった。

エ 大型獣のナウマン象などを集団で狩りするために多くの人が共同生活を送っていた。

★★10 [弥生時代①]

次の文章は，中学生のおさむ君がお父さんと博物館からの帰り道で交わした会話である。この文章を読み，問いに答えなさい。 (北海道・函館ラ・サール高改)

おさむ君：お父さん，今日は初めて本物の金印を見たよ。でも想像していたよりも小さかったなぁ。

お父さん：そうだったかい。よく見る教科書などの写真は拡大されているということだね。今日は，本物の金印を見たけど，おさむは金印などの印章の歴史は知っているかい？

おさむ君：印章の歴史？　印鑑とは何か違いがあるのかな？　お父さん教えてよ。

お父さん：印鑑とはもともと印章の印影のこと，つまり印章を押したあとのことをいうんだよ。それじゃ，印章の歴史をひもといてみようか。現在，日本最古と考えられるものは，今日見学した中国伝来の①志賀島で農民が発見したという「漢委奴国王」の金印といわれているんだよ。その後の印章は，（　　　）が，②239年に魏の皇帝に使者を派遣して王の称号と金印をさずかったと歴史書に書いてあるけれど，この印章はいまだに発見されていないんだよ。この2つの印章は，当時の日本と中国との関係を私たちに伝えているんだ。

問1　文中の（　　）にあてはまる語句を漢字で答えよ。

問2　下線部①について，この島が属する現在の都道府県名を漢字で答えよ。

問3　下線部②について，この時代の説明として正しいものをア～エから1つ選び，記号で答えよ。

ア　食料の生産が増えたので，貧富の差はしだいに少なくなっていった。

イ　青銅器と鉄器が伝わり，銅剣・銅鐸(どうたく)・銅矛(どうほこ)が武器として使用された。

ウ　食料の保存用の壺(つぼ)など，高温で焼かれ，厚手で黒褐色の土器がつくられた。

エ　首長の墓がつくられるようになり，鏡・玉などが死者と一緒に納められた。

★11 [弥生時代②]

次の文章を読んで，空欄（　a　）にあてはまるもっとも適当な語句を答え，かつ下線部に関する問いに答えなさい。（大阪・桃山学院高改）

日本列島で稲作が本格的にはじまると，食料を安定して確保することが可能となり，人口は増えていった。しかし稲作によって食料がたくわえられるようになると，食料や水田，用水をめぐる争いも多くなった。やがて強い集団が弱い集団を従えていき，各地に小さなクニがつくられていった。日本（倭）では多くのクニがつくられるが，30余りの小さなクニをまとめた女王卑弥呼が出現したことが，中国の歴史書『（　a　）』の倭人伝に記されている。

問　下線部の時代について述べた文章として明らかに誤っているものを，次のア～エから1つ選び，記号で答えよ。

着眼

10 問2　金印は，江戸時代に発見された。志賀島は海の中道という砂洲(さす)で陸につながっている。
問3　ア．弥生時代は稲作により食料生産が増え，また備蓄も可能になったため，食料をめぐり争いが起こった。ウ．弥生土器の特色に注意する。

ア 台地など比較的見晴らしのよいところにムラがつくられた。
イ 稲を刈る道具として石包丁が使われるようになった。
ウ 馬などをかたどった土偶がつくられるようになった。
エ 卑弥呼が死ぬと，墓には奴隷が一緒に埋められた。

★★12 [大和（ヤマト）政権]

次の文章を読んで，あとの問いに答えなさい。　（奈良・帝塚山高改）

大和政権では，大和の有力豪族を大臣（おおおみ）や大連（おおむらじ）に任命して政治を行ったほか，九州から関東の地方豪族を□という地位に任じ，みつぎものをさし出させていた。5世紀になると，大和政権の大王（おおきみ）は中国の王朝へ使者を送り，朝鮮半島を支配する立場を認めてもらおうとした。

難 問1 文章中の□にあてはまる語句を漢字で答えよ。
問2 文章中の下線部について，大王が使者を送った「中国の王朝」を，次のア～エから1つ選び，記号で答えよ。
ア 魏　イ 漢　ウ 宋　エ 秦

★★13 [古代の遺跡]

日本史の研究に大きな影響を与えた発見に関して，次の各問いに答えなさい。
（大阪・四天王寺高改）

a 1784年，「漢委奴国王」という5文字が刻まれた金印が発見された。
b 1946年，岩宿遺跡から相沢忠洋によって 1 つくられた遺物が発見された。
c 1968年，「獲加多支鹵大王」と読める文字が刻まれた 2 製の剣が発見された。
d 1994年，三内丸山遺跡から直径約1.8mの柱穴6つと木柱3本が発見された。

問1 a～dで発見された遺物を，製作された年代の古い順に並べかえるとどのようになるか。正しいものを1つ選び，記号で答えよ。
ア a→b→c→d　イ b→d→a→c　ウ b→a→d→c
エ c→b→d→a　オ c→a→b→d　カ d→b→a→c

問2 1・2 に該当するものの組み合わせとして，正しいものを1つ選び，記号で答えよ。
ア 1 ＝鉄のおのでけずって　2 ＝青銅
イ 1 ＝石をすりあわせ，磨いて　2 ＝青銅
ウ 1 ＝石を打ち欠いて　2 ＝鉄
エ 1 ＝土を形成し，焼きあげて　2 ＝鉄

問3 a～dに関連して，正しいものを1つ選び，記号で答えよ。
ア aの金印について記録している中国の歴史書には，奴国では身分の低い人が身分の高い人と出会った時，うずくまって両手を地面につけていたと記されている。

イ　bの遺物が出土した地層からは石包丁も発見され，当時の人々が協力してしとめたイノシシなどを解体して食料にしていたことがわかる。

ウ　cと同じ「獲加多支鹵大王」と読める文字が刻まれた剣は熊本県からもみつかっており，中国の歴史書に記されている「倭王武」と同一人物であるとされている。

エ　dの柱は，当時の人々が，収穫した稲を湿気やネズミなどから守り，大量に貯蔵するためにつくった高床倉庫の柱であったと考えられる。

問4　次の地図中の番号とa～dの発見地の組み合わせとして，正しいものを１つ選び，記号で答えよ。

ア　①―b
イ　②―c
ウ　③―a
エ　④―c
オ　⑤―b
カ　⑥―d

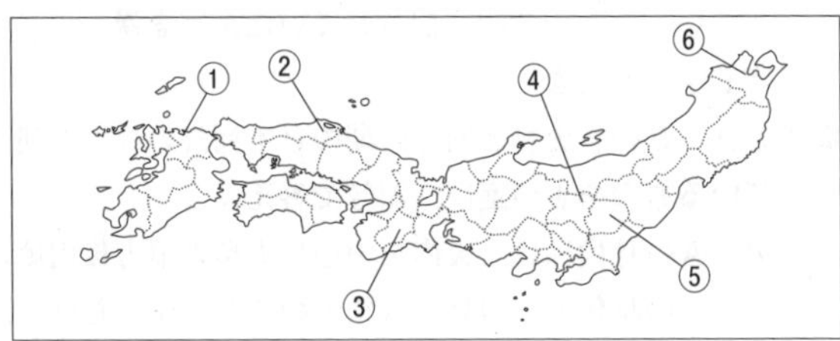

★★14　[中国の歴史書と日本]

次のA・Bの各史料は，それぞれ中国の歴史書の意訳である。史料を読んで，あとの問いに答えなさい。　（愛知・滝高改）

A　興が死んで弟のa武が王位についた。武は使持節都督(しじせつととく)倭・b百済・新羅・任那・加羅・秦韓(しんかん)・慕韓(ぼかん)七国諸軍事安東大将軍倭国王と自ら名乗った。…武は使いをつかわし手紙をc宋（南朝）の皇帝に差し上げた。「昔から私の祖先は，国土を平定するために自分自身がよろいやかぶとを身につけ，休むひまもなく山野をかけめぐり，東は55か国，西は66か国，さらには海をわたって北へ進み，95か国を征服して国土を広げました。…」

B　倭の奴国が，貢ぎ物をもって漢の都洛陽にやってきた。その使いは，自分は大夫（大臣）だと言った。奴国は倭の南のはしにある国である。漢の皇帝（光武帝）は，奴国王の位を認め，そのあかしとしてd金印とひもを授けた。

問1　下線部aについて，武と考えられている人物の名前を記した鉄剣が埼玉県から出土している。鉄剣に記されていた人名を**カタカナ**で答えよ。

難▶問2　下線部bの百済・新羅，下線部cの宋について，地図上のあ～かの位置と国名の組み合わせとして正しいものを次から１つ選び，ア～カの記号で答えよ。

着眼

13　問1　a．弥生時代，b．旧石器時代，c．古墳時代，d．縄文時代に関連した文章である。
問2　[1]は打製石器の特徴を考えるとよい。問3　イ．石包丁は稲の刈り取りに使用されたもの。高床倉庫も稲の保存のためのものなので，弥生時代から使われ始めた。

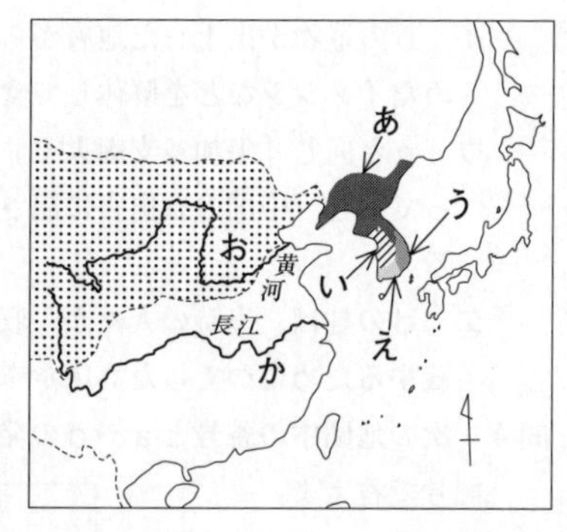

ア　あ：宋　う：百済
イ　お：宋　え：新羅
ウ　い：百済　あ：新羅
エ　お：宋　え：百済
オ　か：宋　う：新羅
カ　え：百済　あ：新羅

問3　下線部dについて，この金印と考えられているものが江戸時代に現在の福岡県から出土している。その金印に記されていた文字を漢字5字で答えよ。

問4　A・Bの各史料と同じ時期の日本列島の様子を述べた次のア～エについて，誤っているものを1つ選び，記号で答えよ。

ア　Aの時代には，畿内を中心に大型の前方後円墳が全国でつくられていた。
イ　Aの時代の王の墓には鉄製の武器，かんむり，馬具，農具などがおさめられた。
ウ　Bの時代には，国内で争いが続き，吉野ヶ里遺跡のような大規模な防御施設を持った集落が作られた。
エ　Bの時代には，渡来人が漢字を伝え，朝廷の税の記録や外交文書を作成した。

★★★ 15 ［古代の外交史］ ＜頻出

次の年表を見て，あとの問いに答えなさい。（奈良大附高改）

391年	倭，百済・新羅と戦う　…①
478年	倭王，南朝に使者を送る　…②
527年	磐井の乱　…③

問1　①について，朝鮮半島の南部では，百済と新羅が小国の統一を進めていた。大和（ヤマト）王権とのつながりを利用して両国に対抗した地方として，正しいものを1つ選び，記号で答えよ。

ア　高句麗　　イ　楽浪　　ウ　伽耶　　エ　帯方

難▶問2　②について，5世紀の倭王が，中国に使者を送ったことなどにより，中国や朝鮮の人びとが日本に移り住むようになり，多くの技術や文化が伝えられた。その技術によって作られた高温で焼いた質のかたい灰色の土器は何か，漢字3字で答えよ。

問3　③について，筑紫の豪族である磐井（いわい）氏の墓といわれる古墳として，正しいものを1つ選び，記号で答えよ。

ア　稲荷山　　イ　岩戸山　　ウ　江田船山　　エ　大仙陵

2 古代国家のあゆみと東アジア

解答 別冊 p.5

★★16 [飛鳥時代の政治と文化] < 頻出

史料Aを読んで問いに答えなさい。　(福岡・西南女学院高改, 熊本・真和高改, 高知・土佐高改)

> A　倭の王多利子比孤（a聖徳太子）が隋の煬帝にb使者をつかわしてきた。持ってきた手紙に,「日出づる処の天子, 書を日没する処の天子にいたす」と書いてあった。煬帝はこれを見て無礼だと怒った。

問1　下線部aについて, 太子の政治として**正しくない項目**を1つ選び, 記号で答えよ。

ア　おばの孝徳天皇をたすけて, 天皇を頂点とする国家のしくみを整えようとした。

イ　冠位十二階の制度を定め, 家がらではなく才能・実力によって役人を採用した。

ウ　日本ではじめて十七条の憲法を定めて, 役人の心がまえを示した。

問2　下線部bの人物名を答えよ。

問3　次の史料Bは, 史料Aの出来事より以前に, 倭王「武」が中国の皇帝に出した手紙の一部である。これを読んで以下の問いに答えよ。

> B　478年, 武が宋の皇帝に出した手紙には「…（略）…祖先は東は55か国, 西は66か国, さらに海を渡って朝鮮半島の95か国を平定しました。しかし, 私の使いが陛下の所に貢ぎ物を持っていくのを□がじゃまをしています。今度こそ□を破ろうと思いますので, 私に高い官位を与えて, 激励して下さい」とあった。

(1)　資料Bの□にあてはまる朝鮮半島の国名を次のア～エから1つ選び, 記号で答えよ。

ア　新羅　　イ　百済　　ウ　高句麗　　エ　加羅

難 (2)　史料A, Bを比べて, それぞれの時代では, 中国に対してどのような立場をとろうとしていたのかを違いが分かるように説明せよ。

問4　法隆寺の金堂（こんどう）・五重塔（ごじゅうのとう）の配置として正しいものを, 次のア～ウから選び, その記号で答えよ。

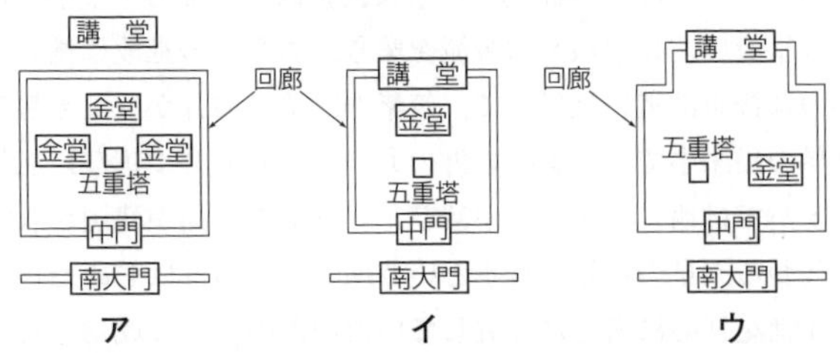

★★17　[律令国家への道]

次の文章を読んで，あとの問いに答えなさい。　(大阪信愛女学院高改)

①聖徳太子の死後，蘇我氏が強大になると，(　1　)と中臣鎌足が中心となって蘇我氏を倒し，②中国にならった国づくりをめざした③改革に着手した。その後，672年に皇位をめぐる(　2　)の乱に勝利をえて即位した(　3　)天皇は，強大な権力をにぎって律令にもとづく国家の建設をめざした。(　3　)天皇の死後，701年には(　4　)律令が完成し，政治は天皇を中心とする政府のもとで行われた。

問1　本文中の(　1　)～(　4　)にあてはまる適語を記入せよ。なお，同じ番号には同じ適語が入るものとする。

問2　下線部①は，摂政として天皇を補佐して政治を行った。このときの天皇を答えよ。

問3　下線部②の当時の王朝名を以下より選び，記号で答えよ。

ア　隋　　イ　唐　　ウ　宋　　エ　元

問4　下線部③の改革を何というか，答えよ。

★★18　[改新後の政治]

次にあげる文章は，古代から現代までの日本と朝鮮半島の国々との関係を述べたものです。文章を読んで，あとの問いに答えなさい。　(東京・開成高改)

7世紀の朝鮮半島では，現在の慶州(キョンジュ)を都とする(　a　)が勢力を増し，儒教や仏教などの文化交流で大和政権と関係の深かった(　b　)を，唐と結んで滅ぼした。大和政権は(　b　)を救援・復興するために大軍を送ったが，663年に唐と(　a　)の連合軍に敗れた。さらに668年，(　a　)は唐と結び(　c　)を滅ぼし，その後，唐の勢力を追い出して朝鮮半島を統一した。

難 問1　5世紀以降，(　a　)・(　b　)・(　c　)の国々から多くの人々が日本列島に渡来した。この渡来人が住んだと思われる痕跡(こんせき)は今でも各地に残っている。渡来人との関係が深いと考えられる東京都の区または市の名を，平がなで答えよ。

問2　下線部の敗戦直後に大和政権が行った政策を次から2つ選び，記号で答えよ。

ア　唐と外交関係を樹立するために，犬上御田鍬(いぬかみのみたすき)を遣唐使として派遣した。

イ　初めて全国的な規模の戸籍を作成し，人々の氏や姓の基礎とした。

ウ　中大兄皇子と中臣鎌足が蘇我蝦夷(そがのえみし)・入鹿(いるか)を倒し，権力を集中した。

エ　九州の大宰府(だざいふ)の北に水城(みずき)や大野城を築き，唐などの進攻に備えた。

オ　朝鮮への救援軍派遣に反対して，筑紫国造(つくしのくにのみやつこ)の磐井(いわい)が反乱を起こした。

問3　日本と世界の出来事で，7世紀以外のものを次から2つ選び，記号で答えよ。

ア　ヨーロッパでは西ローマ帝国が滅び，フランク王国が建国された。

イ　大王に代わる天皇の称号，日本という国号が使われはじめた。

ウ　隋が，4世紀初めに南北に分裂していた中国の統一に成功した。

エ　聖徳太子が，現存する世界最古の木造建築である法隆寺を建立した。

オ　ムハンマドが，唯一神アラーを信仰するイスラム教を説いた。

★★★19 [飛鳥時代の仏教] 頻出

次の文を読んで，あとの問いに答えなさい。 (佐賀・東明館高改)

7世紀前半に，a皇族や豪族が競って寺院を建立するようになった。奈良盆地南部の(b)地方には多くの寺院が建立され，仏教文化が栄えた。また，7世紀後半から8世紀初めには，国家主導の寺院も建立されるようになり，c薬師寺などが建立された。

難 問1　下線部aについて，豪族が競って寺院を建立した理由を**15字以内**で答えよ。

問2　(b)に当てはまる地名を**漢字**で答えよ。

難 問3　下線部cについて，この寺院の東塔を見て「凍れる音楽」と称し，日本美術を再評価した明治時代の外国人教師は誰か。

★20 [飛鳥・奈良時代の政治]

次の文を読み，空欄に最も適当な語句を記入し，あとの問いに答えなさい。 (愛媛・愛光高改)

(a)の制定により，都における二官八省の役所や地方の国・郡・里など，中国の制度にならった①天皇を頂点とする国家のしくみができあがった。これにより，天皇から高い位をさずけられた貴族が，朝廷の重要な役職につき，②天皇から国司に任命された貴族が，諸国を支配して，朝廷が全国を支配するようになった。

問1　下線部①について，天皇を中心とする国家のしくみができあがるまでの出来事として，次のア～エを時代の古い順に並べ替えよ。

ア　朝鮮へ出兵した日本軍が唐・新羅連合軍に大敗した。

イ　中大兄皇子や中臣鎌足らが，蘇我蝦夷・入鹿をたおした。

ウ　仏教の受け入れに反対する大連の物部氏がほろびた。

エ　前の天皇の子である大友皇子が大海人皇子に敗れた。

問2　下線部②に関連して，諸国の農民がこの時代の朝廷に課せられた負担に関する文として正しいものを1つ選べ。

ア　畑の面積に応じて商品作物を納める租とよばれる税を課せられた。

イ　衛士の役とよばれる都の警備や，雑徭とよばれる地方の労役を課せられた。

ウ　種もみの不足や飢饉にそなえて米をたくわえる，出挙という負担を課せられた。

着眼

19 **問1**　寺院はそれまでの古墳にかわるものとしてつくられた。古墳をつくった理由を考えればよい。**問2**　(b)地方は，この時代の文化の中心地である。**問3**　明治時代にお雇い外国人として来日したアメリカ人で，日本の伝統美術復興を唱えた。

★21 ［飛鳥・奈良時代の制度］ 頻出

次の文を読んで，あとの問いに答えなさい。 （宮城・東北学院榴ケ岡高改）

日本が積極的に中国に使いを送ったのは，隋や唐の時代であった。遣唐使によって日本にもたらされた代表的なものは，唐の律令制度である。これにならって，①大宝律令がつくられ，法律や統治組織が整備された。人々は戸籍に登録され，②6歳以上の者には口分田が与えられたが，死後その土地は国家に返還しなければならなかった。しかし，唐の勢力は9世紀になると急速に衰え，894年に遣唐使は停止された。

問1　下線部①について，大宝律令がつくられたのはいつか，正しいものを1つ選び，記号で答えよ。

ア　645年　　イ　701年　　ウ　710年　　エ　743年

問2　下線部②について，このことを定めた法律は何か，漢字で答えよ。

★22 ［奈良時代全般］

次の問いに答えなさい。 （福岡・久留米大附設高改）

問　律令制度が成立した頃に関して，誤っているものをア～エから1つ選び，記号で答えよ。

ア　701年，大宝律令が制定された。これは中国の制度を模範としたもので，中央に神祇官・太政官の二官があった。

イ　708年，和同開珎が鋳造された。この貨幣は役人たちの給与として与えられたが，都の外ではほとんど普及しなかった。

ウ　農民には租・庸・調や雑徭などの負担があったが，これらは成年男子に対して課された。

エ　710年，平城京に都が移された。この都は唐の長安にならって，東西南北に道路が走る都であった。

★★23 ［奈良時代の史料①］

次の史料を読み，問いに答えなさい。なお，史料は原文をやさしく書き改めているところがある。 （北海道・函館ラ・サール高改）

聞くところによれば，開墾した田は養老七年の法律によって，期限がくると公地として取り上げられてしまうため，農民は勤労意欲がわかず，一度開墾してもまた荒れてしまうという。今後は望みのままに私有を許し，（　　）を論ずることなく，永久に公地としてとりあげないこととする。

問1　この法律が出されたときの天皇は誰か，漢字で答えよ。

問2　（　　）には「養老七年の法律」にかかわる語句が入る。あてはまる語句を漢字4字で答えよ。

問3　この法律が出された時代の文化を代表する建築物として正しいものをア～エから

1つ選び，記号で答えよ。

ア

イ

ウ

エ

★★24 [古代の仏教と政治] ＜頻出

次の文章を読み，文中の空欄に最も適当な語句を記入し，あとの問いに答えなさい。

（愛媛・愛光高改）

インドで生まれた仏教は，6世紀に入ると，中国・朝鮮半島を経て日本に伝えられた。このころの大和政権は，有力な豪族の争いが続き，また，朝廷に反抗する国造もあらわれるなど不安定であった。そうした中，6世紀末には，聖徳太子が登場し，新しい政治を行うとともに，仏教を奨励していった。奈良時代には，仏教は国家を守り政治を安定させる力をもつと考えられ，（　①　）天皇は，741年には国分寺建立の詔を，743年には大仏造立の詔を発した。当時の仏教は国家の統制が強く，民衆への布教と架橋などの社会事業につくした（　②　）のような例外を除き，民衆への布教活動はあまり活発ではなかった。

難▶ **問**　下線部に関連して，この詔の出された743年には，墾田の私有を認める墾田永年私財法が定められた。これは，人口の増加や荒地になる口分田の増加によって口分田が不足する中，政府が，耕地の増加を図るために定めたものである。では，なぜ荒地になる口分田が増加したのか，**25字以内**で答えよ。

★25 [木簡からわかる歴史]

次の文を読んで，文中の空欄（　a　）に当てはまる語句を答えなさい。また，下線部に関する問いにも答えなさい。　（北海道・札幌光星高改）

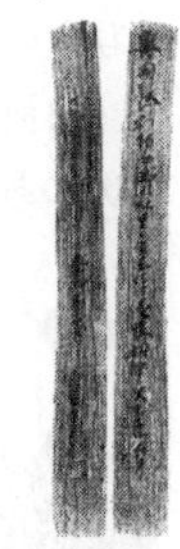

平城京跡からは，裏に「天平七年十月」の日付と表に「駿河国駿河郡柏原郷小林里戸主玉造部忍勝（たまつくりべのおしかつ）（　a　）堅魚（かつお）七連二節」と書かれた次の写真のような形をした木簡が見つかっている。この時代には，毎年全国各地から特産物などが（　a　）と呼ばれる税として都に運ばれた。

着眼

23　**問1**　この天皇は，国分寺や東大寺を建立した。**問2**　この「養老七年の法律」でも開墾は十分に進まなかったため，墾田永年私財法がつくられた。**問3**　この時代は天平時代である。

10世紀前半に書かれた『延喜式』という書物によると，鰹は平安時代にも駿河国から都に運ばれた税であったことがわかる。

問　下線部について，このときの天皇であった聖武天皇の時代のできごとを，次のア～エから１つ選び，記号で答えよ。

ア　白村江の戦いで大敗した後，唐・新羅の侵攻に備えて山城などが造られた。

イ　皇帝の強力な力で国を治める唐の制度にならって大宝律令が制定された。

ウ　富本銭に続く本格的な流通貨幣として和同開珎が発行された。

エ　都に大仏を本尊とする東大寺，国ごとに国分寺・国分尼寺が建てられた。

★★26　［天平文化①］

中国との国交に関する年表と，写真を見て，各問いに適するものを１つ選びなさい。

（栃木・作新学院高改）

［年表］　717年　阿倍仲麻呂ら，唐に派遣される

754年　（　　　）来日

［写真］

問１　唐が建国されてから滅亡するまでの年数にもっとも近いものはどれか。

ア　230年間　　イ　260年間　　ウ　290年間　　エ　320年間

問２　（　　　）にあてはまる人物の説明として，正しいものはどれか。

ア　漢字や儒教の経典を伝えた。

イ　法華経の題目を唱えれば，人も国家も救われると説いた。

ウ　かたい質の土器（須恵器）や高級な絹織物をつくる技術を伝えた。

エ　盲目になりながらも来日し，唐招提寺を建てた。

問３　写真の東大寺正倉院には，おもに誰の遺品がおさめられているか。

ア　白河上皇　　イ　聖武天皇　　ウ　後醍醐天皇　　エ　後鳥羽上皇

問４　次にあげる写真のうち，東大寺正倉院におさめられているものはどれか。

ア　ペルシャ風の水さし

イ　青銅製の銅鐸

ウ 木彫りの能面

エ 南蛮風模様のある鞍

★27 [天平文化②]

次の問いに答えなさい。 (福岡・久留米大附設高改)

問 天平文化に属さない仏像を，ア～エから１つ選び，記号で答えよ。

ア

イ

ウ

エ

★28 [奈良時代の史料②]

次の史料を読んで，あとの問いに答えなさい。 (三重・暁高改)

> ご飯をたくかまどにも，くもが巣をはってしまった。それなのに，むちを持った里長が税を出せと戸口でわめいている。こんなにもつらいものなのか，この世に生きていくのは。

問１ 上の史料の文がつくられた時代の農民のようすを説明した文を，次のア～エから１つ選び，その記号を記入せよ。

ア 村の自治を進めた農民は，年貢の軽減などを求め領主に反抗した。

イ 荘園制が進むなか，国司は地方で不正を行うなど悪政を行った。尾張の国の郡司や百姓らはその悪政を国に訴えた。

ウ 農民には班田収授法によって口分田が与えられたが，租・調・庸などの税を納めなければならなかった。

エ 農民は検地帳に名を登録され，田畑の等級によって年貢を納めた。また，一揆防止のため，武器を没収され，武士と身分が分離された。

問２ 上の史料の文の作者を次のア～エから１つ選び，その記号を記入せよ。

ア 大伴家持　イ 柿本人麻呂　ウ 紀貫之　エ 山上憶良

着眼

26 問１ 唐の時代は，７世紀の初めから10世紀の初めである。問３ 東大寺を建立した人物を考えるとよい。問４ 正倉院にはシルクロードをわたってきた品などもおさめられている。

★★★29 [平安時代の政治]

次の文章を読んで，あとの問いに答えなさい。 （京都教育大附高改）

私たちが生活している現在と100年前，①1000年前，2200年前の世界では，社会のしくみや生活の様子は違います。そこで歴史学では，社会のしくみや特徴から時代を区切って，原始時代，古代，中世，近世，近代，現代と分けています。

また日本の歴史では，奈良時代，②平安時代，鎌倉時代，室町時代などその時の政権の所在から分けたり，縄文時代，古墳時代などと文化の特色をもとに分けたり，明治・大正・昭和と年号をもとに分けたりしています。

問1 下線部①について，今からおよそ1000年前の11世紀の出来事について正しいものを次のア～エのうちから1つ選び，記号で答えよ。

ア 漢字を変形して，日本語の発音を表せるようにした仮名文字ができ，『古今和歌集』や『源氏物語』などすぐれた文学作品が生まれた。

イ 中国では唐が滅んで，五代十国時代という混乱期に入る。やがて，宋が中国を再統一した。

ウ 朝鮮半島では新羅にかわって，高麗が朝鮮半島を統一した。

エ 摂関政治の全盛期，藤原頼通は宇治に平等院鳳凰堂をたてた。

問2 下線部②について，わが国では，10世紀に入ると，地方を支配するしくみが大きく変わった。それはどのように変わったのかを述べよ。その際には，「国司」という言葉を必ず用いよ。

問3 下線部②について述べた文章として明らかに誤っているものを，次のア～エから1つ選び，記号で答えよ。

ア 遣唐使とともに唐にわたった最澄と空海は，それぞれ天台宗と真言宗を日本に伝えた。

イ 桓武天皇は，朝廷に服従しない蝦夷を討伐するために，坂上田村麻呂を征夷大将軍に任命し，九州南部に派遣した。

ウ 藤原氏は，たくみに他の貴族を退けながら勢力をのばした。さらに娘を天皇のきさきにし，その皇子を次の天皇に立てて政治の実権をにぎるようになった。

エ 摂政や関白などの有力な貴族たちは，都に寝殿造とよばれる大邸宅を築き，華やかな生活を送っていた。

問4 下線部②について，この時代におこった次のア～エのできごとを年代の早いものから順番に並べたとき，２番目にくるものを，記号で答えよ。

ア 白河上皇が院政をはじめた。

イ 藤原道長が摂政となった。

ウ 平清盛が政治の実権をにぎった。

エ 平将門が関東で反乱をおこした。

★30 [平安時代の仏教]

次の文を読んで，あとの問いに答えなさい。　（佐賀・東明館高改）

平安時代のはじめ貴族たちは，a この世での幸福を願い，まじないや祈祷(きとう)に頼った。しかし，次第に社会が乱れ，人々の心に不安な気持ちが高まってきたため，死後に極楽浄土へ生まれ変わることを願う，（　b　）がおこった。この信仰は，都の貴族から次第に c 地方にも広まり，阿弥陀仏の像や阿弥陀堂が盛んに造られた。

問1　下線部aについて，空海が高野山に建立した寺院名を漢字で答えよ。

問2　（　b　）に当てはまる語句を漢字で答えよ。

問3　下線部cについて，右の写真は奥州藤原氏が建立した寺院の阿弥陀堂である。この寺院の阿弥陀堂は一般には何と呼ばれているか，漢字で答えよ。

★★31 [蝦夷地域の支配]

次の文章を読んで，あとの問いに答えなさい。　（大阪桐蔭高改）

古代，畿内に朝廷が置かれたとき，その支配に服さない東国の人々は蝦夷(えみし)とよばれていた。それはまた，いまだ文明化していない野蛮な人々という意味でもあり，大和朝廷のころは現在の東海地方から東の地域が蝦夷の住む蝦夷地(えぞち)であった。その後朝廷の勢力が伸びて，支配地域が拡大し，7世紀なかば以後になると蝦夷地は現在の東北地方あたりを指すようになった。奈良時代に入っても蝦夷地を支配下に入れるための経営は続き，平安時代初期，征夷大将軍に任命された［　A　］の遠征によって，朝廷の支配に服さない地域は東北地方の最北部のみとなった。

しかし，このときの蝦夷地遠征と平安京の造営により国家財政は悪化することとなった。9世紀に入ると貴族たちが政治権力争いに明け暮れ，地方政治を省みなくなったため，地方の秩序や治安が急速に悪化することとなった。

問1　空欄［　A　］にあてはまる語句を答えよ。

問2　下線部について，このころの状況を述べた史料として最もふさわしいものを，次のア～エから1つ選び，記号で答えよ。

ア　このごろ都にはやるものは，夜討強盗や，にせの天皇の文書。とらわれの人や早馬が走り，何もないのに騒動が起きる。生首が転がり，普通の人に戻る僧や，手続きを踏まないで僧になるものがいる。……

イ　尾張国の百姓たちは，国司の藤原元命が，三年間にわたって不法に税を取り立てていることをはじめ，百姓のものを奪って京都にある自分の家にたくわえてい

着眼

31　問1　A．蝦夷の族長阿弖流為(アテルイ)を降伏させた人物。問2　ア．二条河原の落書(らくしょ)，イ．尾張国(おわり)郡司百姓等下文(らのげぶみ)，ウ．阿氏河荘(あてがわのしょう)民の訴状，エ．刀狩についての史料である。

ることや，国司としての役目を怠っていることなど三十一か条に分けた訴え状を，太政官に出した。その結果，元命は，国司をやめさせられた。

ウ　謹んで申し上げます。領主様へ納める木材が遅れていることについてですが，地頭が上京のため，あるいは急用といっては，大勢の者をこき使いますので，まったく暇がありません。……

エ　諸国の百姓は，刀・わきざし・弓・槍・鉄砲・その他武具の類を持つことをかたく禁止する。必要のない道具をたくわえて年貢を出ししぶり，一揆を企てるなどよくない動きをする者は，処分する。

★32　[摂関政治]

次の文章は，日本のある時代を説明したものです。あとの問いに答えなさい。

(京都・立命館高改，北海道・北海高改)

寛仁二年，十月十六日，今日は女御の威子が皇后になる日である。威子は（　　）殿の三女で，一家から三人の皇后が出るのはこれまでに例がない。（　　）殿は私を招いて言われた。「和歌をよもうと思う。必ずその返事の歌をつくれ。」と申された。「はい，きっと返事の歌をさしあげましょう。」と答えると，「この歌は誇らしげな歌だがあらかじめつくっておいた歌ではなく，いまつくったものだ」と言って披露された。〈歌〉

私は，「殿下のお歌はおみごとです。とてもあとに続けて歌をつくることはできません。」と言った。

問1　文中の（　　）にあてはまる人物名を答えよ。

問2　文中の〈歌〉にあてはまるものを次のア～エから1つ選び，記号で答えよ。

ア　世の中を　憂しとやさしと　思へども　飛び立ちかねつ　鳥にしあらねば

イ　この世をば　わが世とぞ思ふ　望月の　かけたることも　なしと思へば

ウ　おごれる人も　久しからず　ただ春の夜の　夢のごとし

エ　花の色は　うつりにけりな　いたづらに　わが身世にふる　ながめせしまに

問3　この時代，地方では，国司が不正をはたらくなどして政治が乱れていた。国司は具体的にどのような不正をはたらいていたか。1つ答えよ。

問4　（　　）の人物の子は，極楽浄土をこの世に再現した阿弥陀堂を自分の別荘の中に建立し，その別荘を寺院とした。これに該当するものを次のア～ウの写真から選び，寺院名も答えよ。(完全解答)

ア

イ

ウ

★33　[国風文化]

次の図版を見て，あとの問いに答えなさい。　（石川・金沢大教育学部附高改）

右の絵画は，１人の高貴な男性を巡る恋愛を中心に描いた仮名文学を絵巻物にしたものである。

問１　この絵画のもとになった文学作品の作者を答えよ。

問２　この絵画のもとになった文学作品が書かれた時期の日本と中国との関係として，正しいものを，次のア～エのうちから１つ選び，記号で答えよ。

ア　日本は中国王朝に正式な使いを送っていた。

イ　日本は中国王朝へは使いを送らず，日本と中国とはまったく交流がなかった。

ウ　日本は中国に正式な使いを送ることはやめたが，僧侶や商人の往来は行われた。

エ　日本は中国に正式な使いを送ることはやめたが，中国からは正式な使いがしばしば来日した。

★★★34　[古代の宮都]

右の地図は，古代における主な都の位置をあらわしたものである。A～Fは，大津京（おおつきょう）・長岡京（ながおかきょう）・難波京（なにわきょう）・藤原京（ふじわらきょう）・平安京（へいあんきょう）・平城京（へいじょうきょう）のいずれかである。これを見て，あとの問いに答えなさい。　（広島大附高改）

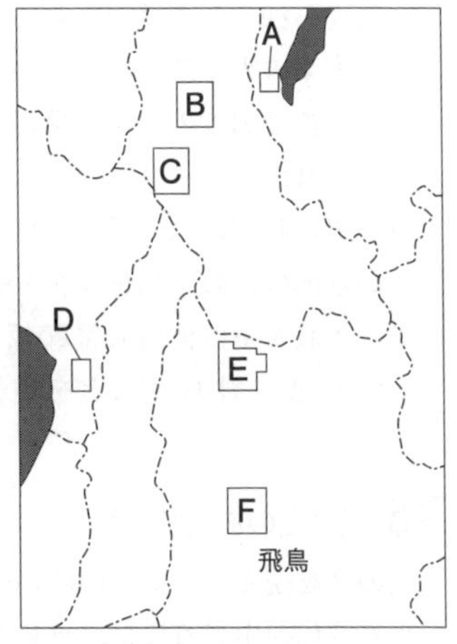

難▶問１　地図中の都を，おかれた順に並べたとき，次の（ 1 ）～（ 4 ）にあてはまるものをA～Fから選び，記号で答えよ。

> 飛鳥（あすか）　⇒　D　⇒　（ 1 ）　⇒　飛鳥　⇒
> （ 2 ）　⇒　（ 3 ）　⇒　D　⇒
> C　⇒　（ 4 ）

問２　次の各文の<u>都</u>とはどこをさすか。A～Fからそれぞれ１つずつ選び，記号で答えよ。

(1)　貴族や僧の間で勢力争いが激しくなってきたので天皇は新しい都をつくったが，すぐに工事を中断し，別の新しい<u>都</u>をつくった。

(2)　蘇我（そが）氏をたおして政権をにぎった者たちが新しい<u>都</u>をつくり，全国の土地と人民

着眼

34　それぞれの都の現在の位置は次のとおり。A．滋賀県大津市。B．京都府京都市。C．京都府長岡京市・向日（むこう）市。D．大阪府大阪市。E．奈良県奈良市。F．奈良県橿原（かしはら）市。

を国のものとして，天皇が支配するという方針を打ち出した。

難 問３　次の各文は，それぞれどこに都がおかれた時期のできごとを述べたものか。下のア～キから１つずつ選び，記号で答えよ。

⑴　坂上田村麻呂（さかのうえのたむらまろ）が蝦夷（えみし）を攻撃した。

⑵　隋（ずい）が中国を統一した。

⑶　大宝律令（たいほうりつりょう）が制定された。

⑷　百済（くだら）がほろぼされた。

⑸　東大寺の大仏が完成した。

ア　飛鳥　　イ　大津宮　　ウ　長岡京　　エ　難波京
オ　藤原京　　カ　平安京　　キ　平城京

★★35 ［平安時代の東国］

中世までの東日本に関し，問いに答えなさい。　（東京学芸大附高改）

問　平安時代の東国に関する説明として最も適切なものを，次のア～エのうちから１つ選び，記号で答えよ。

ア　東国に土着した勢力は一族や従者を率いて土地をめぐる争いを開始し，京都の朝廷から独立した勢力として各地に荘園を形成した。

イ　関東の大半を征服した平将門（たいらのまさかど）は，「新皇」と称して京都の朝廷に反乱をおこしたが，律令制度のもとで郡司の子弟などによって編成された健児（こんでい）とよばれる兵士に鎮圧された。

ウ　奥州藤原氏は，平泉に京都風の町を建設し，中尊寺金色堂に代表されるような高い水準の仏教文化を開花させた。

エ　桓武（かんむ）天皇は征夷大将軍坂上田村麻呂（さかのうえのたむらまろ）を派遣し，蝦夷の「征討」を積極的に行い，渟足柵（ぬたりのさく）・磐舟柵（いわふねのさく）などを築き，主に太平洋岸に沿って勢力拡大を図った。

★36 ［武士のおこり①］

次の文を読んで，あとの問いに答えなさい。　（長崎・青雲高）

平安時代の中ごろには，東日本で馬に乗り合戦を繰り返す武士が活躍するようになった。12世紀末期に成立した鎌倉幕府はこうした武士たちが築き上げた政権であり，武士たちは日頃から乗馬や弓矢の訓練を行っていた。

問　下線部に関して述べた文として正しいものを，次の中から１つ選んで，記号で答えよ。

ア　10世紀中ごろ関東で藤原純友が反乱を起こし，関東に朝廷とは別の政府をつくろうとした。

イ　藤原純友の反乱鎮圧に苦慮した桓武天皇は，律令を改定して社会の変化に対応しようとした。

ウ　11世紀中ごろ，東北地方で平将門が反乱を起こし，前九年の役を引き起こした。

エ　前九年の役や後三年の役では源氏が関東の武士を率いて鎮圧し，源氏が関東に勢力を広めた。

★★37 [武士のおこり②]

次の文章を読んで，あとの問いに答えなさい。　（広島・近畿大附高東広島改）

武士は，平安時代の中ごろ，朝廷や貴族の身辺や屋敷の警備を行い，実力をみとめられていきました。やがて，武士団を形成して成長し，10世紀中ごろには，関東で平将門が，瀬戸内海で（　A　）が周辺の武士を率いて反乱をおこしました。

11世紀になると，①東北地方の大きな2つの戦乱をしずめた源氏が東国に，12世紀前半には，平氏が西国に勢力をのばしました。やがて，②院政の実権をめぐる争いから，2つの戦乱がおきました。源氏と平氏の武士は，その争いに動員されて戦い，③平清盛が源氏をやぶって勢力を広げ，武士の政治のうえで大きな力をふるうようになりました。

問1　（　A　）にあてはまる人名を答えよ。

問2　下線部①について，2つの戦乱の組み合わせとして正しいものを次より1つ選び，記号で答えよ。

ア　文禄の役・慶長の役

イ　前九年の役・後三年の役

ウ　文永の役・弘安の役

エ　保元の乱・平治の乱

問3　下線部①の戦乱後に勢力を拡大した奥州藤原氏の本拠地であった平泉は何県にあるか，**漢字**で答えよ。

問4　下線部②について，院政をはじめた天皇は誰か，**漢字**で答えよ。

問5　下線部③について，平清盛に関する説明として**誤っているもの**を次より1つ選び，記号で答えよ。

ア　中国と貿易をするため，兵庫の港を整備しました。

イ　娘を天皇のきさきにし，その子を次の天皇にたてて，勢力をのばしました。

ウ　安芸の厳島神社を整備し，一門で信仰しました。

エ　末法思想の影響をうけ，宇治に平等院鳳凰堂を建立しました。

着眼

37　問3　平泉には，奥州藤原氏の建てた中尊寺金色堂がある。問5　平氏は武士であったが貴族のような政治を行い，それが他の武士たちの反感をかったことに注意しておくとよい。

第1回 実力テスト

時間50分
合格点70点

得点 ／100

解答 別冊 p.9

1 古代の世界について，あとの問１，問２に答えなさい。(10点)　(大阪・清風高改)

問１　唐について述べた文として正しいものを，次のア〜エから１つ選び，記号で答えよ。(５点)

ア　律令をととのえ，役人を学科試験の成績で選ぶ制度をつくった。
イ　モンゴル民族を北に追いはらい，綿織物・陶磁器の生産がさかんになった。
ウ　万里の長城を築いた皇帝の墓には，土製の兵馬俑(へいばよう)が納められた。
エ　朝鮮半島北部を支配し，シルクロードで西方との交流をさかんに行った。

問２　イエスを救世主として信仰するキリスト教について述べた文として誤っているものを，次のア〜エから１つ選び，記号で答えよ。(５点)

ア　４世紀にはローマ皇帝によって認められ，ローマ帝国の国教となった。
イ　中世ヨーロッパでは，ローマ教皇を頂点とする教会が王をしのぐ勢力を持った。
ウ　ルターらによって始められたキリスト教会は，イエズス会と呼ばれた。
エ　中国ではキリスト教に対抗する農民たちによって，義和団が組織された。

2 歴史に関して，次の問いに答えなさい。(16点)　(大阪教育大附高天王寺改)

問１　次のA〜Dの文は，１世紀から７世紀にかけての日本（倭(わ)）と中国との外交について述べたものである。年代の古いものから順に記号を並べかえよ。(８点)

A　大和（ヤマト）政権の大王（倭王）が５代にわたり中国の南朝に使いを送った。
B　邪馬台国の女王卑弥呼が中国の魏(ぎ)に使いを送り，金印と銅鏡100枚などを与えられた。
C　倭の奴(な)の国王が中国の漢に使いを送り，皇帝から印(いん)などを与えられた。
D　聖徳太子が中国の隋に使いを送り，政治制度や仏教を学ばせた。

問２　次のA〜Dの文は，８世紀から９世紀にかけてのできごとについて述べたものである。年代の古いものから順に記号を並べかえよ。(８点)

A　大宝律令が定められ，天皇に権力を集中する国家の建設が進められた。
B　唐が衰えるなか，危険をおかしてまで出かける必要がないという理由で遣唐使が停止された。
C　逃亡する農民が増えて，口分田が不足し，税収も減ったので，墾田永年私財法が出され，開墾した田地の私有が認められるようになった。
D　桓武天皇は寺院を奈良に残したまま都を長岡京に移し，さらに京都に移して平安京と名づけた。

3 奈良時代に，平城京内外には七つの官立の大寺が建立され，南都七大寺と称された。それらは，多くの変遷を経て今日に至っている。各寺に関して次の問いに記号で答えなさい。（各4点，計24点）　（大阪・明星高改）

問1　元興寺（がんごうじ）は，最初は飛鳥時代の有力豪族の氏寺，飛鳥寺として創建されたが，その豪族名を何というか。

ア　物部氏　イ　蘇我氏　ウ　藤原氏　エ　大伴氏

問2　元興寺で中大兄皇子はある人物に出会い，大化の改新に至った。その人物とは誰か。

ア　中臣鎌足　イ　藤原仲麻呂　ウ　橘諸兄　エ　蘇我蝦夷

問3　薬師寺は，天武天皇が皇后の病気回復を祈願して創建した寺であるが，彼が即位以前におこした大戦乱を何というか。

ア　応仁の乱　イ　承久の乱　ウ　壬申の乱　エ　平将門の乱

問4　薬師寺は7世紀末の創建であるが，この時の都はどこか。

ア　難波京　イ　藤原京　ウ　長岡京　エ　平安京

問5　東大寺には聖武天皇の遺品が納められた倉があるが，それは何と呼ばれているか。

ア　東照宮　イ　平等院　ウ　金沢文庫　エ　正倉院

問6　大安寺は最澄・空海が学んだ寺であるが，空海は何宗を開いたか。

ア　曹洞宗　イ　法相宗　ウ　真言宗　エ　天台宗

4 日本の歴史は，日本という国土の範囲内だけで完結しているのではなく，いつの時代も諸外国との関係のなかで成立している。そのことに関する文を読み，あとの問いに答えなさい。（20点）　（福岡・久留米大附設高改）

日本の弥生時代以降の歴史は，高度な①中国文明を輸入することで進展した。東アジア文明の特色である漢字・儒教・仏教などが，弥生時代から②古墳・飛鳥時代にかけて朝鮮半島などを経由して日本にもたらされた。また，日本の古代国家形成に大きな影響を与えたのは，③隋・唐に頂点を迎えた律令制という国制である。そして唐や宋の文化にあこがれながらも，中国文化を吸収して日本的に定着させたのが④平安時代であった。

問1　下線部①について述べた文として，**誤っているものをア～エから1つ選び**，記号で答えよ。（5点）

ア　紀元前1600年頃に，黄河流域に殷が建国された。殷の王墓からは青銅器や漢字の起源となる甲骨文字が発見された。

イ　秦の始皇帝は，万里の長城を築いて領土を広げ，楽浪郡などをおいて朝鮮北部を支配した。

ウ　漢の時代には仏教が西方より伝わり，紙の発明がなされ，儒教も盛んになった。

エ　漢の時代にシルクロードが開かれ，中国の絹がローマ帝国に運ばれ，西方の馬やガラスなどが中国に伝えられた。

問2　下線部②について述べた文として，**誤っているものをア～エから1つ選び**，記号

で答えよ。（5点）

ア　大和政権の大王は，中国に使いを送り，中国皇帝の権威をかりて朝鮮半島の勢力に対抗しようとした。

イ　6世紀に，仏教が新羅の王によって正式に日本に伝えられ，最初の仏教文化である飛鳥文化が栄えた。

ウ　聖徳太子は十七条憲法をつくり，豪族が仏教を敬い，争いをやめて，天皇のもとで政治にはげむように心得を示した。

エ　渡来人たちによって文字が日本に伝えられたが，彼らの一部は大和政権に仕えて外交文書や記録の作成にあたった。

問3　下線部③の時代について述べた文として，誤っているものをア～エから1つ選び，記号で答えよ。（5点）

ア　6世紀の末に，南北に分かれていた中国を統一した隋は，役人を家柄ではなく学科試験で選ぶ科挙の制度をつくった。

イ　唐は，農民に等しく土地を与える均田制を行い，そのかわりに租・庸・調を負担させ，兵役につかせた。

ウ　唐の貨幣制度にならい，日本でも富本銭や和同開珎などの貨幣がつくられ，全国で広く使用された。

エ　唐の都の長安は，国際色豊かな都市で，日本の平城京や平安京のモデルとなった。

問4　下線部④について述べた文として，正しいものをア～エから1つ選び，記号で答えよ。（5点）

ア　桓武天皇は，蝦夷の抵抗をおさえるために，坂上田村麻呂を征夷大将軍に任命し，北上川中流域に多賀城を設置した。

イ　地方の政治は，地方の豪族から選ばれた国司にまかされた。国司たちは，定められた額の租税を納めるだけでよかったので，自分の収入を増やすことばかりに熱心になりがちであった。

ウ　浮浪・逃亡する農民が増えて税の徴収がとどこおったので，国家は班田収授を行うことをあきらめて，荘園からの収入を貴族たちへの給与にあてるようになった。

エ　9世紀の初めに唐に渡った最澄と空海は，帰国後，最澄は近江国の比叡山に延暦寺を建て天台宗を，空海は紀伊国の高野山に金剛峯寺を建て真言宗を広めた。

5

日本には多くの世界遺産があります。その中のいくつかをみながら日本の歴史を振り返ってみましょう。次のA・Bの文章を読み，それぞれあとの問いに答えなさい。（30点）（京都・洛南高改）

A　奈良には法隆寺をはじめとして，世界遺産に指定されている多くの文化財があります。その奈良を舞台にしたできごとをみてみると，6世紀の大和朝廷内では，中央豪族同士の争いが激しくなっていました。その代表的なものは蘇我馬子と物部守屋の争いで，それに勝利した馬子は聖徳太子と協力して，さまざまな法律や制度をつくりました。彼らの死後，蘇我氏がますます力を強め，太子の子である山背大兄王を滅ぼしました。この事態を打開するために，中大兄皇子・中臣鎌足らが蘇我蝦夷・（　1　）を滅ぼし，天皇の手に権力を取り戻しました。その翌年には①改新の詔が出されて，中国にならい②律令に基づく国づくりを目標にかかげました。

問1　文章中の（　1　）にあてはまる人物の名を答えよ。（5点）

問2　下線部①について，「改新の詔」が出されたころの世界のできごととして正しいものを，次のア～オから1つ選び，記号で答えよ。（5点）

ア　高句麗で広開土王碑がつくられた。　イ　唐が農民反乱をきっかけに滅んだ。

ウ　インドではアショーカ王が仏教をあつく保護した。

エ　ササン朝ペルシアがイスラム勢力により滅ぼされた。

オ　ローマではカエサルが独裁政治を行った。

問3　下線部②について，701年には大宝律令がつくられた。この律令によって定められた太政官のもとにおかれた省はいくつあったか。（5点）

B　奈良とならび，京都にも世界遺産に指定された多くの文化財があります。京都が都であったころのできごとをみると，9世紀中ごろには藤原氏が政治の実権をにぎりました。その手段は，自分の娘を天皇の妃とし，生まれた子が天皇になると，母方の一族である藤原氏が摂政・関白として政治を行うというものでした。その政治を摂関政治といい，③11世紀の藤原道長とその子頼通の時代に最盛期を迎えました。頼通によってつくられた宇治の（　2　）も世界遺産に登録され，華麗な姿を今日に伝えています。しかし，11世紀後半，④上皇が権力をにぎる院政がはじまり，藤原氏の勢力が弱まりました。

問4　文章中の（　2　）にあてはまる語句を答えよ。（5点）

問5　下線部③について，このころの文化を国風文化という。国風文化について述べた文として**誤っているもの**を，次のア～オから1つ選び，記号で答えよ。（5点）

ア　小野道風・藤原佐理・藤原行成の3人は書にすぐれ，三蹟とよばれた。

イ　和歌がさかんになり，約4500首を集めた『万葉集』が編集された。

ウ　藤原道綱の母の『蜻蛉日記』など，かな文字を使った日記・随筆が多く書かれた。

エ　寝殿造の建物内部には，日本の風景や風俗を描く大和絵が多く描かれた。

オ　浄土教が広まるにつれ，阿弥陀如来像など寄木造による仏像が多くつくられた。

問6　下線部④について，上皇が権力をにぎる院政は白河上皇から後白河上皇までの約100年間続いた。この院政時代のできごとについて述べた文として**誤っているもの**を，次のア～オから1つ選び，記号で答えよ。（5点）

ア　源義仲が木曽で平氏打倒の兵を挙げた。

イ　保元の乱がおこり，崇徳上皇が讃岐へ流された。

ウ　吉田兼好が『徒然草』を書いた。　エ　平清盛が太政大臣に就任した。

オ　大輪田泊が修築され，日宋貿易がさかんに行われた。

2編 中世・近世の日本

3 武家政治の成立と展開

解答 別冊 p.10

★38 [鎌倉時代総合] <頻出

次の文を読んで，下線部に関するあとの問いに答えなさい。（栃木・佐野日大高改）

平氏と源氏の争いがはじまり，伊豆にいた源頼朝は北条氏とともに，平氏打倒に立ちあがった。弟の義経を派遣して，平氏を追いつめ，1185年，(a)壇ノ浦で平氏を滅ぼすと，(b)守護・地頭の設置を朝廷に認めさせた。頼朝は，鎌倉に幕府を開き，義経が(c)奥州藤原氏のもとにのがれると，藤原氏を攻めほろぼし，1192年征夷大将軍となった。鎌倉幕府のつづいた約150年間を鎌倉時代という。

チンギス=ハンが建てたモンゴル帝国は，北アジアの草原でくらす遊牧民族の国であった。強力な騎馬軍団により，ユーラシア大陸を征服し，高麗も服属させた。５代目のフビライ=ハンは国号を中国風の元とし，服属をこばんだ日本に(d)二度にわたり大軍を送ってきた。(e)これを元寇または蒙古襲来といい，幕府に大きな影響を与えた。

問１　下線部(a)について，平氏が滅んだ壇ノ浦は，現在のどこの県にあたるか。１～４より１つ選べ。

１　山口県　２　香川県　３　石川県　４　兵庫県

問２　下線部(b)の鎌倉時代の守護について説明した文で正しいものはどれか。１～４より１つ選べ。

１　国内の武士を家来にし，荘園の年貢を半分を取り立てて家来の給与にするなど一国を支配する領主になった。

２　農民に税や労役(ろうえき)をかけたり，朝廷側の国司の権限を吸収していき守護大名と呼ばれるようになった。

３　荘園や公領におかれ，年貢を集めたり，土地を管理した。

４　御家人の京都を守る義務を指揮・催促(さいそく)することと，謀反(むほん)や殺人などの犯罪人の取りしまりを行った。

問３　下線部(c)について，奥州藤原氏が栄えた平泉に藤原清衡(きよひら)が建てた阿弥陀堂を何というか。１～４より１つ選べ。

１　平等院鳳凰堂　２　唐招提寺金堂

３　中尊寺金色堂　４　円覚寺舎利殿

問４　下線部(d)について，それぞれ何年のことか。１～４より１つ選べ。

１　1221年と1232年　２　1232年と1274年

３　1274年と1281年　４　1281年と1297年

問５　下線部(e)について，元寇の影響と結果を説明した文で誤っているものはどれか。１～４より１つ選べ。

1　御家人の借金がふえて土地を売ったため，徳政令が出された。
2　2度目の元寇に備えて，博多湾沿いに石築地（石塁）を領地の広さに応じてつくらされるなど，御家人の負担は大きかった。
3　新たに六波羅探題を設置し，西日本の御家人に対する統制を強化した。
4　戦いのあと恩賞が十分でなかったため，幕府に不満をもつ御家人が増えた。

★★39　［承久の乱］　＜頻出

次の資料を読み，問いに答えなさい。なお，資料は原文をやさしく書き改めているところがあります。　（北海道・函館ラ・サール高改）

「おまえたちはおぼえていよう。昔は三年の大番役（京都と鎌倉の警備）のとき，一生の大事と考え，身分の低い従者にいたるまでが，晴れやかに着飾って都に上ったが，帰るときには疲れ果てて，はだしで戻ってきたものだ。それを今は亡き頼朝殿が哀れに思われて三年を半年に縮め，また身分に応じて人数などを出すように取りはからってくださった。これほどお情け深くしてくださった御恩を忘れて，京方に行くのですか。京方につくか，とどまって奉公するか，ただ今すぐに申しなさい。」

…これを聞いた御家人たちは涙を流し，幕府への忠誠を誓った。

問1　これはある戦いにあたって，ある女性が武士たちに呼びかけた演説の要約である。演説を行った女性とは誰か，漢字で答えよ。

問2　この演説が行われた年として正しいものをア～エから1つ選び，記号で答えよ。
　ア　1185年　　イ　1221年　　ウ　1274年　　エ　1333年

問3　下線部について，これは具体的に誰のことか，漢字で答えよ。

難▶問4　この演説では大番役の期間短縮などのことが「御恩」として語られているが，源頼朝が行った「御恩」とは一般的にどのようなことをいうか，説明せよ。

★★★40　［承久の乱とその後］

世界との関わりから見た日本の歴史に関する次の文章を読んで，あとの問いに答えなさい。　（三重・暁高改）

12世紀後半には①初めて武士による政権が誕生する。鎌倉幕府が誕生した後も，しばらくの間は京都の貴族・公家は勢力を保ち続けたが，幕府は各地で荘園・公領の支配権を貴族たちから奪い，しだいに②武家社会を確立していった。13世紀末に鎌倉幕府は元寇の危機に直面する。おもに九州の武士たちの活躍によりこれを撃退することはできたが，御家人の負担は大きく，幕府衰退の原因の1つとなった。

着眼

39　承久の乱は，3代将軍源実朝が暗殺された後の鎌倉幕府の混乱をついて，政権を奪還しようとする朝廷側が起こしたものである。問1　この女性は，源頼朝の妻である。問3　京都側の中心人物を考えればよい。

問１　下線部①に関して，太政大臣となって最初に政務を執った武士を答えよ。

難▶問２　下線部②に関して，1221年に起こった事件により武士の支配が確立する。この事件とその結果を，次の語句を必ず用いて100字以内で述べよ。

【六波羅探題　　後鳥羽上皇　　北条義時　　東国の武士】

★41 [鎌倉時代の文化]

次の略年表を見て，あとの問いに答えなさい。　（千葉・芝浦工大柏高改）

1016年　①藤原道長が摂政になる
1334年　②建武の新政が始まる

問　略年表の①と②のできごとが起きた間に建てられた建造物として，最も適切なものを次のア～エのうちから１つ選べ。

ア

イ

ウ

エ

★★42 [鎌倉新仏教]

次の文章を読んで，あとの問いに答えなさい。　（三重・鈴鹿高改）

鎌倉時代には，新しい仏教の動きがみられ，新しい仏教宗派がおこりました。（　ⓐ　）は浄土宗を開き，浄土真宗を（　ⓑ　）が開きました。（　ⓒ　）は法華経(ほけきょう)だけが仏の真実の教えであると説き（　ⓓ　）宗を開きました。また，禅宗が宋から伝えられました。日本の禅宗には臨済宗と曹洞宗があります。臨済宗を開いたのが（　ⓔ　），曹洞宗を開いたのが（　ⓕ　）です。

問１　（　ⓐ　）・（　ⓑ　）・（　ⓔ　）・（　ⓕ　）にあてはまる人名を次の語群からそれぞれ選び，記号で答えよ。

【語群】　ア　空海　　イ　栄西　　ウ　親鸞　　エ　鑑真　　オ　法然
　　　　　カ　空也　　キ　一遍　　ク　最澄　　ケ　道元　　コ　行基

問２　（　ⓓ　）にあてはまる宗派はどれか，次のア～エから１つ選べ。

ア　時　　イ　天台　　ウ　日蓮　　エ　真言

難▶問３　（　ⓐ　）・（　ⓑ　）・（　ⓒ　）・（　ⓔ　）・（　ⓕ　）の人物のうち，日本に茶をもたらした人物はだれか，その記号で答えよ。

★43 [守護の職務]

次の史料を読んで，あとの問いに答えなさい。（大阪・帝塚山学院高改）

一．諸国の守護の職務は，頼朝公の時代に定められたように，京都を守る義務を指揮・催促すること，謀反や殺人などの犯罪人の取りしまりである。

一．地頭は荘園の年貢をさしおさえてはいけない。

一．二十年以上継続して土地を支配していれば，その者の所有になる。

問1　上の史料は，鎌倉幕府が武家社会で行われていた慣習をもとに，武士のおきてを定めたわが国最初の武家法である。この法令名と，これを定めた執権を答えよ。

問2　上の史料が定められたころ，荘園や公領に置かれた役職名を答えよ。

★44 [民衆の動き]

次の資料を見て，あとの問いに答えなさい。（群馬・前橋育英高改）

資料　謹んでもうしあげます。領主様へ納める木材がおくれていることについてですが，[　Ⅰ　]が，京上，あるいは急用といっては，大ぜいの者をこき使いますので，まったく暇がありません。

問1　資料中の空欄[　Ⅰ　]に当てはまる語句を**漢字**で答えよ。また，この役職がはじめて設置された年に起こったできごとを下のア～エから1つ選び，記号で答えよ。

ア　源頼朝が征夷大将軍に任命される。

イ　平氏が壇ノ浦で滅亡する。

ウ　後鳥羽上皇が承久の乱を起こす。

エ　中尊寺金色堂が建てられる。

問2　このころの社会の様子として**誤っているもの**を下のア～エから1つ選び，記号で答えよ。

ア　農業で草や木を焼いた灰を肥料に使うようになって生産が高まった。

イ　人々の集まる寺社の門前などでは定期市が開かれた。

ウ　天台宗などの新しい仏教が生まれ，武士や農民を中心に全国に広がっていった。

エ　近畿地方など西日本では二毛作が行われていた。

問3　この資料が出されたのは，二度にわたる元寇のころである。元寇により多くの御家人が困窮したが，こうした貧しい御家人を救うため，幕府が出した法律を何というか，答えよ。

着眼

43 問1　1232年に3代執権により定められた，51か条からなる法律である。頼朝以来の先例(せんれい)(以前からの慣例）と武家社会の道理(どうり)（慣習・道徳）に基づいた裁判基準が定められている。

★★★ 45 [モンゴル帝国]

毎日の新聞記事はそのまま現代史の１コマですが，時には過去の歴史を振り返らせてくれる記事もあり，興味深いものです。次の文章は，ある新聞のコラムです。これを読んで，あとの問いに答えなさい。 (東京・開成高改)

大学でモンゴル語を学んだ当時，司馬遼太郎さんはモンゴル人にとって土を掘るのはタブーだと習ったそうだ。講演で司馬さんはその話を紹介しながら，モンゴル人が遊牧を営む草原は土壌が薄く，一度掘り返すと草が生えにくくなるのだと語っている▲だから遊牧民の移動式住居ゲルは土を掘らなくとも出来る。“何もない草原”こそが財産であり，土を掘って建物を作ったり，耕すのはモンゴル人にとっては文明破壊になるわけである（草原からのメッセージ・『司馬遼太郎全講演５』朝日文庫所収）▲そんな論議を思い出したのは，モンゴルの草原のどこかに潜む（　１　）の墓のありかが，にわかに関心を呼んでいるからだ。日本とモンゴルの合同調査団が墓の近くにあったとされる霊廟（れいびょう）跡を確認したことから，目印ひとつないといわれる墓そのものの発見へ大きく前進したのだ▲目印のないのは盗掘を恐れたためだが，白石典之・新潟大助教授は「生きるために大切な草原に物をつくらないのが遊牧民の正しい姿で，（　１　）はそれを守った」と語る。なるほど“何もない草原”から世界史に躍り出た（　１　）は，またそこへ戻ったわけだ▲彼の生んだモンゴル帝国も結局は草原へ帰った。元の末期，支配民族のモンゴル人は「土地に執着せず，風のように騎馬で北の草原に帰って行った。そういうふしぎな滅亡の形を当時，北帰とよんだ」（『韃靼（だったん）疾風録』中公文庫）これも司馬さんの指摘である▲島国でわずかな耕地にとりつき，富を蓄えてきた日本人の発想とは対照的な草原の美学だ。地元では外国人の発掘に反対する声が強いのも分かる気がする。世界史的謎の解明には胸躍るが，ここは文明間の対話も一段と深めたい。

問１ （　１　）にはいるモンゴル帝国の創始者を，カタカナ６字で答えよ（ハイフン等は字数にふくめない）。

問２ （　１　）の人物が「世界史に躍り出た」のは13世紀のことであるが，彼の死後もその一族によってモンゴル帝国の領域は広大なものとなり，同世紀はのちに「モンゴルの世紀」といわれる。その13世紀の世界について，右の地図上のＡ・Ｂ・Ｃ・Ｄの地域に関するそれぞれの問いに答えよ。

モンゴル帝国の最大領域

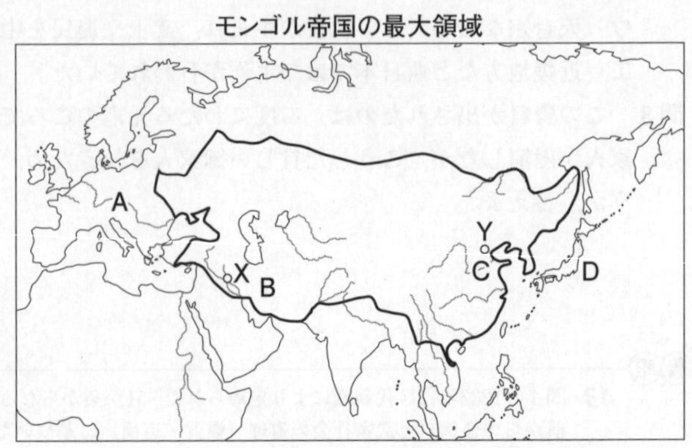

⑴ Aの地域について述べた次の文章のうち，誤っているものを1つ選び，記号で答えよ。

ア イギリスでは，憲法のはじめとなったマグナ=カルタ（大憲章）が制定され，のちの下院の起源とされる議会が開催された。

イ 東ヨーロッパでは，神聖ローマ帝国の一部が，モンゴル軍の遠征によって壊滅的な打撃を受けた。

ウ 13世紀には7回もの十字軍がおこされ，西ヨーロッパの国々はエルサレムのユダヤ教徒との戦いにあけくれていた。

エ ゴシック式とよばれる高い塔とステンドグラスを持つ壮麗な教会が，各地に建てられた。

⑵ Bの地域について，あとの問いに答えよ。

難▶ a モンゴル帝国支配下の西アジアの地域に現在ある国で，イスラム教のシーア派教徒が多数を占める国を1つ答えよ。

b 8世紀半ばにイスラム帝国の都として整備され，イスラム世界の中心として栄えたが，13世紀にモンゴル軍によって占領された都市（地図上のX）の名を答えよ。

⑶ Cの地域について，あとの問いに答えよ。

a 元は大都（地図上のY）を都と定めたが，ここに現在ある中国の都市名を答えよ。

b ヴェネツィア商人の父や叔父とともに中国を旅し，元朝に長く仕えて重用され，帰国後『世界の記述』（『東方見聞録』）の中で日本をヨーロッパに紹介した人物の名を答えよ。

⑷ Dの地域について，あとの問いに答えよ。

a 2度の蒙古襲来時の幕府の最高責任者について，その職名と姓名を，ともに漢字で答えよ。

b 現在も残るこの時代の文化財を，下の写真の中から1つ選び，記号で答えよ。

ア

イ
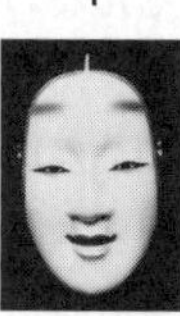

ウ

エ

着眼

45 問2 ⑴ア．マグナ=カルタは，1215年に制定された王権の制限を定めた法。イ．バトゥの遠征軍にドイツ・ポーランド連合軍が敗れたのは1241年。ウ．第1回の十字軍は1096年に派遣されている。エ．ゴシック式は12世紀後半頃からおこったフランス発祥（はっしょう）の建築様式。

★★46 ［南北朝時代①］ ＜頻出

次の文を読んで，あとの問いに答えなさい。 （熊本・真和高改）

武家政治の再興をめざして兵をあげた［　　］は，京都を制圧して新たに天皇を立て，①1338年に幕府を開いた。一方，②京都をのがれた後醍醐天皇も正統な天皇であることを主張した。

問1　［　　］にあてはまる武将を答えよ。

問2　下線部①について，関東を統括するために設置された地方機関を答えよ。

問3　下線部②について，皇居が移された地名を答えよ。

★★47 ［南北朝時代②］

次の文章を読んで，あとの問いに答えなさい。 （広島・崇徳高）

天皇家の歴史からいうと九十五代にあたる［A］天皇というお方がいらっしゃいました。

学問が好きで，歴史や文学にも関心がおありで，また，古くからいわれているように政治というものは，国民を幸せにしなければならないという点もよくごぞんじでした。

その当時，政治の中心は鎌倉幕府であり，政治を行うのは武士でした。

およそ百三十年あまり昔に，源頼朝が武力で天下を取り，政治の実権をにぎってから，日本でいちばん力のあるのが鎌倉幕府でした。国を治めるのも幕府で，①源氏が三代でほろびてしまってからは北条氏が鎌倉幕府の主人になり，いまは北条高時（ほうじょうたかとき）が最高権力者の座についていました。

この高時という人が熱心によい政治を行っていればよかったのでしょうが，生まれつきわがままで，めんどうなことは家来にまかせっぱなし，自分は闘犬（とうけん）という，犬をたたかわせて勝負をきめる遊びにむちゅうになっていました。

上に立つものがそんなふうですと，家来のほうも欲が深く，思いやりのない者ばかりがいばりちらし，自分につごうのよい政治を行っていましたので，農民は重い税に苦しみ，働いても働いても暮らしがらくになりません。そんなわけで国は乱れ，盗賊がふえ，世の中はわるくなるばかりでした。

幕府のなかにも，これではいけないと考えて高時やその側近に，意見する者もいたのですが，それらは遠ざけられるか，ひどいときには罪人として殺されたりしました。

そうなると，もうだれもなにもいわなくなって，幕府の信用はなくなり，高時やそのまわりの人々をにくむものがだんだんふえてきたのです。

［A］天皇はそうした幕府のようすをおききになって，政治を幕府にまかせてはならないと，お思いになりました。それまでにも天皇は幕府が天皇家のあとつぎのことにまで口出しをして，皇太子をだれにするかまでかってにきめてしまうことを強くお怒りになっていました。

②なんとかして，幕府を倒し，むかしむかし天皇がみずから政治を行っていた時代にもどしたいと考えられたのです。

ところが，この仲間のひとりに土岐頼員（ときよりかず）という武士がいました。この人の妻は，③鎌倉幕府の京都出張所が六波羅というところにあったのですが，そこに勤めている斉藤利行（さいとうとしゆき）の娘でした。どうも，このごろ，夫のようすがおちつかないので，いろいろきいてみますと，頼員はかくしきれなくなって，とうとう自分たちのたくらみをうちあけてしまいました。

いま，もっとも力のある北条一族を討とうというので，妻はびっくりしました。だいいち，自分の父親はその北条の家来なのですから，これはたいへんと，すぐに父親に知らせ，どうか自分の夫だけは助けてくださいとたのみました。

斉藤利行は婿（むこ）の頼員をよび，事実をたしかめたうえで，ひそかに鎌倉へ知らせました。

その結果，幕府方の兵がいっせいに，この計画にかかわりあった人々の屋敷を襲って，ある者は斬（き）り殺し，ある者は捕らえて鎌倉へ送ったのですが，日野資朝のみが佐渡の国へ島流しにされただけで，ほかの人々はなんとかいいのがれて京都へ帰ってきました。

それでも［ A ］天皇は計画をあきらめようとはなさらず，こんどは奈良の④東大寺や興福寺，比叡山などへおまいりにお出かけになり，お寺を守るために組織されている僧兵を味方につけて，北条とたたかおうとなさったのです。

なかでも，比叡山には天皇の皇子で大塔宮（おおとうのみや）とおっしゃる方がお坊さんになっておられたのですが，お経の勉強をするよりも武術の稽古（けいこ）をするほうが好きという，たいへん気性のはげしい人で，父の天皇の幕府を倒そうというお考えに大賛成でした。

ところが，北条のほうでは，このまえの事件以来，天皇のまわりに目を光らせていましたから，こんどは，天皇に信頼されていた文観（もんかん），忠円（ちゅうえん）などという坊さんを捕らえて責めたてたので，とうとう，天皇の計画は全部，ばれてしまいました。≪以下は省略≫

（少年少女古典文学館14　平岩弓枝『太平記』より抜粋）

問1　文中の［ A ］天皇とはだれか。次のア～カより選び，記号で答えよ。

ア　後三条天皇　　イ　桓武天皇　　ウ　聖武天皇
エ　後醍醐天皇　　オ　天武天皇　　カ　白河天皇

問2　下線部①の最高権力者の座についた人物のうち，武家社会のならわしなどをまとめた法律を最初につくったのはだれか。**漢字**で答えよ。

問3　下線部②はやがて実現したが，2年ほどでくずれ，以後，約60年の大規模な内乱がつづいた。この混乱の時代が終わったころの将軍はだれか。**漢字**で答えよ。

問4　次のア～オの文のうち，下線部③が設置された経緯について正しい文の文中の［　　］に入る語句を**漢字**で答えよ。

着眼

47　**問3**　南北朝を合一させた将軍を考えればよい。**問4**　鎌倉幕府の京都出張所とは，六波羅探題（ろくはらたんだい）のことである。朝廷を監視（かんし）するために設置されたということを考えればよい。

ア　細川氏と［　］氏が将軍のあとつぎ問題をめぐって対立した応仁の乱の直後に設置された。

イ　［　］上皇が朝廷の勢力回復を目的におこした承久の乱の直後に設置された。

ウ　［　］皇子や中臣鎌足が中国の制度をもとに国づくりを実現しようと行った一連の政治改革の大化の改新のときに設置された。

エ　1274年の文永の役につづき，1281年にふたたび元が襲来した［　］の役の直後に設置された。

オ　［　］と源義朝が対立した平治の乱の直後に設置された。

問5　次の文化財の写真ア～カのうち，下線部④に関係のあるものをすべて選び，記号で答えよ。

ア

イ

ウ

エ

オ

カ

★★48 [室町時代の産業・文化] 頻出

次の文章は，日本のある時代を説明したものです。あとの問いに答えなさい。

（京都・立命館高改）

この時代は勘合貿易が行われ，社会も安定したので，a各地で産業が発展した。また都市やb農村では自治的な組織が形成され，民衆の結束が強まっていた。文化面でも，武士や公家だけでなく，c民衆が参加し楽しむものが広がり，現代にも様々な形で受け継がれている。

問1　下線部aについて，年貢米をはじめ，多くの物資を運んだ陸上の運送業者のことを何とよぶか，答えよ。

難 問2　下線部bについて，農民が土一揆で酒屋や土倉を襲撃した理由を答えよ。

問3　下線部cについて，この時代に広まったものとして適切でないものを，次のア～エから1つ選び，記号で答えよ。

ア　歌舞伎　　イ　お伽草子　　ウ　連歌　　エ　狂言

★49 [室町の外交]

世界との関わりから見た日本の歴史に関する次の文章を読んで，あとの設問に答えなさい。

（三重・暁高改）

14世紀前半には鎌倉幕府が滅び，室町幕府が成立する。3代将軍①（　　　　）は，倭寇の取り締まりを求める中国（明）と国交を樹立し，②貿易を開始した。この貿易は幕府によるものから，後に大内氏・③細川氏や博多・堺の商人の手に移された。

問1　下線部①に関して，（　　　）に適切な人名を入れよ。

問2　下線部②に関して，貿易船と倭寇（海賊）とを区別するため，合い札が用いられたことからこの貿易を何というか。

問3　下線部③に関して，細川氏と山名氏が対立し，京都を中心に11年にわたり行われた争乱を何というか。

★50 [沖縄の歴史] 頻出

次の文章を読んで，あとの問いに答えなさい。

（東京・筑波大附高改）

沖縄県那覇市にある首里城は15世紀に整備された。首里城は，他のグスクおよび関連遺跡群とともに，ユネスコ総会で採択された「世界の文化遺産及び自然遺産の保護に関する条約」に基づいて世界遺産一覧表に登録されている（ユネスコ世界遺産）。建物は第二次世界大戦中の沖縄戦で破壊されたが，1989年から復元工事が行われ，1992年に正殿や城門が完成した。かつて，正殿前には15世紀中頃（ごろ）につくられた「万国津梁（しんりょう）の鐘」

着眼

48　問2　南北朝の争乱以降，農作業などの共同作業や神社の祭礼などの行事を通して団結を深めた惣村では，寄合などが開かれ，さらなる自治の展開が進んでいた。このような団結は借金の帳消しを求めた徳政令の要求などにつながり，土一揆が多く起こるようになった。

という鐘が架けられ，鐘には銘文があった。銘文の大意は，下の通りである。

> （　A　）は南海の恵まれた地域に立地し，朝鮮のゆたかな文化を一手に集め，中国とは上あごと下あごのように密接な関係にあり，日本とは唇（くちびる）と歯のように親しい関係をもっている。……（中略）……（　A　）は諸外国に橋を架けるように船を通わせて交易をしている。そのため，外国のめずらしい品物や宝物が国中に満ちあふれている。（新城俊昭（あらしろとしあき）訳）

問1　文中の（　A　）には，当時の王国の呼び名が入る。その王国名を書け（ひらがなでもよい）。

問2　首里城が整備された15世紀の日本とその周辺諸国に関する文として正しいものを，次のア～カの中から2つ選び，記号で答えよ。

ア　朝鮮では，朝鮮国が栄え，朝鮮語を表す文字としてハングルがつくられた。

イ　日本の幕府は，倭寇（わこう）対策として，中国への正式な貿易船には朱印状を持たせた。

ウ　中国では，主君と家臣，父と子の間の秩序を重んじる朱子学がおこった。

エ　日本の将軍の代がわりの際には，通信使が朝鮮から日本へ派遣された。

オ　日本では，キリスト教や鉄砲が伝えられ，南蛮（なんばん）文化が栄えた。

カ　日本では，水墨画が流行し，京都の東山には銀閣が建てられた。

問3　首里城や他のグスクおよび関連遺跡群と並んで，2011年現在，ユネスコの世界遺産に登録されている日本の文化遺産を，次のア～オの中から1つ選び，記号で答えよ。

ア　吉野ヶ里遺跡　　イ　姫路城　　ウ　永平寺

エ　鶴岡八幡宮（つるがおかはちまんぐう）　　オ　五稜郭（ごりょうかく）

問4　「万国津梁の鐘」が架けられた当時，多くの貿易船が沖縄から東南アジア各地へ出かけていった。沖縄の人びとが，当地で買い付けた東南アジア産の品物として正しいものを，次のア～オの中から1つ選び，記号で答えよ。

ア　香料，象牙（ぞうげ），鮫（さめ）の皮　　イ　生糸（きいと），絹織物，綿織物　　ウ　金，銀，銅

エ　火薬，毛織物，ガラス製品　　オ　茶，陶磁器

★51 ［室町時代の京都］ ＜頻出

次の都市（地域）に関する文章を読んで，あとの問いに答えなさい。（大阪・関西大倉高改）

この地は国内外から年間約5000万人の観光客がおとずれる大観光地で，観光産業が主産業のひとつである。工業も盛んで，製造品出荷額は2兆4000万円（2008年）にのぼり，日本有数の工業都市でもある。ⓐ西陣織や友禅染（ゆうぜんぞめ）などの繊維産業は構造不況になやむ一方で，電機，飲料，輸送用機器などの工業分野は大きくのびている。また，ⓑ伝統産業の中では伏見の清酒醸造（じょうぞう）や清水焼などが健在である。市街地と近郊（きんこう）には千余年の歴史

をつたえる古社寺が多く，その数は2000以上におよぶ。東寺，清水寺，醍醐寺，仁和寺，高山寺，ⓒ天竜寺，鹿苑寺（金閣），慈照寺（銀閣），竜安寺，西本願寺，二条城は，宇治市の平等院，滋賀県大津市の延暦寺とともに，1994（平成６）年世界遺産条約の登録地となった。ほかに桂離宮・修学院離宮や嵐山・嵯峨野・太秦・大原などに点在する古社寺には総計2000点以上の国宝・重要文化財があり，春の花見，秋の紅葉の季節には観光客がつめかける。若者には東映太秦映画村などの観光施設も人気で，四条河原町や新京極の繁華街はいつも修学旅行客でにぎわっている。

問１　下線部ⓐは西軍の軍勢が陣を置いたことにその名の由来がある。この戦いの内容とその後の情勢として**誤っているもの**を，次のア～エの中から１つ選び，記号で答えよ。

ア　1467年に起こった事件である。

イ　８代将軍足利義政のあとつぎ争いと守護大名の細川氏と山名氏との対立などから起こった事件である。

ウ　この地域一帯は焼け野原となったが幕府や将軍の権威は依然として大きかった。

エ　戦火がおさまった後も，各地の守護大名が領地の拡大のために戦ったり，家臣にたおされたりする下剋上が起こった。

問２　下線部ⓑについて，15世紀初め，この地には342軒の酒屋があったといわれ，その大半が質屋との兼業で高利貸しを営んでいた。土一揆の襲撃目標ともなったこの金融業者を**漢字**で答えよ。

問３　下線部ⓒはすべて禅宗の寺院である。禅宗が成立した10世紀後半の宋の時代の内容について**誤っているもの**を，次のア～エの中から１つ選び，記号で答えよ。

ア　火薬・羅針盤・活字が発明された。

イ　主君と家臣，父と子の道徳を重んじる朱子学が生まれた。

ウ　長江下流域の稲作が発展し，茶・陶磁器・絹織物の生産が進んだ。

エ　周辺地域を支配したことにより，陸路・海路を通じて東西交流が盛んになった。

★52　[室町時代の史料]　頻出

次の資料を見て，あとの問いに答えなさい。　（群馬・前橋育英高改）

資料　正長元年ヨリサキ者カンヘ四カンカウニヲヰメアルヘカラス

問１　この資料に関係するできごとを何というか，答えよ。

問２　この資料の内容を説明した文として正しいものを下のア～エから１つ選び，記号で答えよ。

着眼

50　問４　沖縄は，日本・明の両国と朝貢関係にあり，日本・明（中国）・東南アジアを結ぶ中継貿易でさかえた。日本や中国では産出しない品物を考えればよい。

51　問３　宋の時代は，日本では平安～鎌倉時代にあたる。平清盛が日宋貿易を行ったことや，栄西などが留学したことから，経済や文化が非常に発達していたことがわかる。

ア　土一揆を起こした農民がほりきざんだもの。

イ　浄土真宗のさかんな地域で，その信者が起こした一揆の様子を記したもの。

ウ　幕府の圧政に反対し，年貢の減免を求めたもの。

エ　守護大名を追い出し，その国の武士を中心とした自治が行われたことを記したもの。

問3　資料より，後のできごとを下のア～エから１つ選び，記号で答えよ。

ア　応仁の乱が起こる。

イ　足利義満が金閣を建てる。

ウ　後醍醐天皇が建武の新政を始める。

エ　李成桂が朝鮮王国を建てる。

問4　資料のころの社会の様子として正しいものを下のア～エから１つ選び，記号で答えよ。

ア　キリスト教が伝えられ，西日本を中心に信者が増えていった。

イ　農民は惣とよばれる自治組織をつくり，寄合で村の行事などをきめた。

ウ　商人や手工業者たちは株仲間とよばれる同業者の団体をつくった。

エ　不正な取り立てをして，農民から朝廷に訴えられる国司もしばしばいた。

★53 [戦国時代の史料] ＜頻出

次の史料を読んであとの問いに答えなさい。（高知学芸高改）

①　一．けんかをした者は，いかなる理由によるものでも処罰する。

②　一．当家の家臣は，勝手に他国の者と結婚してはならない。

③　一．朝倉家のほか，国の中に城をかまえてはいけない。

問1　史料は戦国大名が自分の国の支配を定めた法の例である。このような法を一般に何というか。

問2　右の地図中のアは史料の①を，イは史料の②を制定した大名を示している。それぞれが何氏かを，次から選び，記号で答えよ。

（a）今川氏　（b）上杉氏

（c）三好氏　（d）長宗我部氏

（e）武田氏

1540年ころの戦国大名の分布

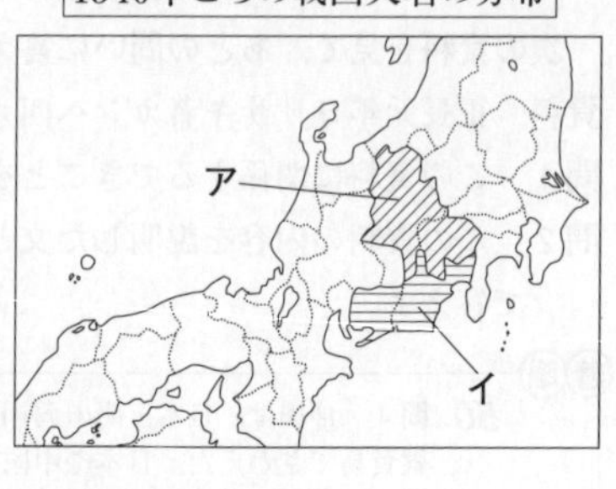

問3　③の戦国大名のように，自分の居所に家臣や商工業者を集めてつくった町を何というか。漢字３字で答えよ。

問4　下のものが上のものを倒してのし上がっていく戦国時代の風潮を何というか。

4 世界の動きと天下統一

解答 別冊 p.17

★54 [中世の世界]

次の文中の空欄 A ～ C にあてはまる地名を，以下のア～ケから選び，記号で答えなさい。 (大阪桐蔭高改)

中世の西ヨーロッパでは，キリスト教会の頂点に立つ A 教皇が国王以上の権限を持つようになっていました。

一方，アラビア半島では，数多くの商業都市が貿易で栄えていました。その1つである B の商人であったムハンマドが，イスラーム教を興し，アラビア半島を統一しました。その後イスラーム教徒たちは，広大なイスラーム帝国を建国しました。

11世紀になると， A 教皇は，イスラーム勢力によって支配された聖地 C を奪い返そうと何度も十字軍を派遣しましたが，失敗に終わり，これによって権威が衰え，財政的にも困窮することになりました。

ア．イェルサレム　イ．カイロ　ウ．コンスタンティノープル　エ．バグダード
オ．パリ　カ．フィレンツェ　キ．メッカ　ク．リスボン　ケ．ローマ

★55 [ルネサンスと宗教改革] 頻出

次の文章を読んであとの問いに答えなさい。 (大阪・羽衣学園高改)

ヨーロッパでは4世紀頃からキリスト教がローマ帝国の宗教となり，その後いろいろな国で国王の保護を受け発展してきました。しかし15世紀頃からイタリアでは教会の考えにとらわれない自由で生き生きとした文化がおこってきました。これをルネサンスといいます。最初は芸術作品にその流れを見ることができます。絵画や彫刻です。

他にもルネサンスの例をいくつか挙げて説明しましょう。

16世紀頃までのヨーロッパでは地球は神様が創ったとされていました。なぜならばキリスト教の聖書には「はじめに神は天と地とを創造された。」とあるからです。そして教会は天動説（地球がすべての中心で太陽がその周りを回っている説）を唱えてきました。16世紀にコペルニクスという人が登場して，「太陽は不動であり，太陽の運動として見えるところのすべては，実は地球の運動である。」と説きました。

またその後，望遠鏡を発明した有名な学者でもあったガリレオも地動説を主張しました。「地球は宇宙の中心ではなく，一日一回転するものである。」しかし(1)<u>教会と違う説を唱えた彼は裁判にかけられる</u>ことになります。このようにそれまでの1000年余り盲目的に信じてきた教会の教えに対して一部の人たちが疑いをもつようになるわけです。

またヨーロッパ人の大航海時代と呼ばれる(2)<u>新航路開拓</u>もこれらの考え方の影響をうけたと言えるでしょう。

16世紀初めには，教会は免罪符（これを買えば罪が許され天国へいけるとされた）を販売して資金集めをしていました。この教会の行いを直接，(3)批判する人物も現れました。そして批判する人たちはプロテスタント（キリスト教の新しい流れの一派）教会をつくり，16世紀までのカトリック（それまでの教会の教え）教会から分離していきます。これらの動きを宗教改革と言います。そして両者の間では激しい争いが生じていきます。また信者の獲得のためカトリック教会はポルトガルやスペインの援助でアジアでの布教活動に力を入れるようになります。

さて，このような流れの中で，16世紀にはヨーロッパ人たちが日本へ登場してきました。

ところで，もともと日本の情報が初めてヨーロッパの人々にもたらされたのは13世紀のヴェニスの商人 [a] によってです。彼の著書「東方見聞録」によりますと「あの島に黄金はいくらでもあるが，国王は輸出を禁じている。そこでこの島の支配者の豪華な宮殿について述べよう。」とあります。このような興味も手伝ってヨーロッパ人の目はアジアに向けられます。

16世紀の日本と言えば戦国時代です。戦国大名はそれぞれの領地で [b] をつくり，下剋上を防ぎ，家臣たちを取り締まっていました。また大名たちは防備の固い強固な城を作り城下町を形成していました。

1543年，種子島に流れ着いた [c] は日本に鉄砲を伝えました。

戦国の時代であった日本で鉄砲はすぐに広がり，現在の滋賀の国友や大阪の [d] などでは刀鍛冶が生産をはじめました。また1549年には [e] が日本にキリスト教を伝えました。もちろん彼はプロテスタント教会に対抗したカトリック教会の一派であるイエズス会の一員でした。当時，彼らとの貿易は南蛮貿易と言われました。この貿易で海外から文化の流入があり，これらは南蛮文化といわれています。

問１　下線部の(1)から(3)について設問に答えよ。

(1)「ガリレオが自分の裁判の最中につぶやいた」と言われる有名なセリフはつぎのどれか。

ア　それでも太陽は回っている　　イ　それでも地球は動いている

ウ　それでも地球は神様が創った　エ　それでも教会は素晴らしい

(2)　1492年に西インド諸島に到着したのはだれか。

ア　バスコ＝ダ＝ガマ　イ　コロンブス　ウ　マゼラン　エ　フェリペ２世

(3)　1517年，この人物は「95か条の論題」を発表し，教会ではなく聖書への信仰を説いたが，その人物はだれか。

ア　ルター　イ　ヨハネ　ウ　マルコ　エ　マタイ

問２　空欄 [a] から [e] に，次に書かれた文章も参考にしながらふさわしい語句を選べ。

・空欄 [a] にふさわしい人物を選べ。

イタリア人の旅行家で中国の元という国の王フビライ＝ハンに仕えた人物である。

ア　マルコ=ポーロ　　イ　コロンブス　　ウ　マゼラン　　エ　鄭和

・空欄 b に大名がつくった法律としてふさわしい語句を選べ。

例えば，今川家「今川仮名目録」などでは，「他国の者との結婚を禁止した法律」をつくっている。

ア　配国法　　イ　治国法　　ウ　統国法　　エ　分国法

・空欄 c にふさわしい語句を選べ。

16世紀に彼らはゴアやマラッカを根拠地に貿易で活躍した。

ア　スペイン人　　イ　ポルトガル人　　ウ　オランダ人　　エ　アメリカ人

・空欄 d にふさわしい地名を選べ。

現在もその流れで刃物や自転車などの地場産業で有名な大きな町である。

ア　岸和田　　イ　高石　　ウ　堺　　エ　和泉

・空欄 e にふさわしい人物を選べ。

ア　フランシスコ=ザビエル　　イ　バスコ=ダ=ガマ

ウ　マルコ=ポーロ　　エ　ミケランジェロ

★★★ 56 [キリスト教と日本]

2006年は，日本にキリスト教を伝えた，カトリックの宣教師フランシスコ=ザビエルの生誕500周年にあたる。里美さんは，次のようなレポートを作成し，授業で発表した。あとの問いに答えなさい。 (京都・同志社高，静岡学園高改)

ザビエルの履歴　1506年4月，ナバラ王国[現スペイン]に生まれる。19歳でパリのソルボンヌ大学に入り，仲間とともに（ 1 ）会を結成する。(a)インドでの布教活動ののち，中国船で日本へ向かい，1549年，（ 2 ）へ到達。大分，山口の戦国大名に厚い保護を受け宣教につとめるが，天皇・将軍からの布教許可はもらえなかった。1551年，離日。翌年死去。

当時の日本の状況　15世紀半ば，騒乱が全国に及んだ（ 3 ）をきっかけに（ 4 ）の風潮が強まった。戦国時代の到来である。朝倉氏の一乗谷や，北条氏の（ 5 ）など戦国大名の城下町が築かれ，（ 6 ）法による領国支配が行われた。キリスト教伝来直前にポルトガル人によりもたらされた(b)鉄砲は，堺や近江の（ 7 ）で盛んに作られ，戦法に大きな影響を与えた。

キリスト教の受容　（ 8 ）を（ 1 ）会に寄進したことで知られる大村氏のように，九州の戦国大名らはキリスト教を厚遇し，南蛮貿易の利益を確保した。また，（ 9 ）宗の総本山である延暦寺を焼き討ちし，さらに一向宗を屈服させた織田信長が，政策上キリスト教に厚い保護を与えたのは，寺院への対抗勢力として期待した側面

着眼

56 問2　ザビエルの時代のヨーロッパでは，旧来のカトリック教会のありかたに批判が高まり，宗教改革が行われていた。このことと，ザビエルがカトリックの宣教師であったこととをあわせて考えるとよい。

もあった。宣教師は布教のため，教会やセミナリオといった学校を作り，活字印刷術など西洋の技術や知識が伝えられ，日本人も異国の文化に親しんでいった。

問1　空欄に適当な語をいれ，レポートを完成させよ。

難 問2　里見さんの発表に関し，クラスメイトから次のような質問が出た。歴史的に適切な内容を考えて，答えよ。(質問の場所は下線部(a)である)

「なぜ，ザビエルはインドで熱心に布教を行ったのですか。当時のヨーロッパの情勢と関係があるのですか。」

問3　下線部(b)について鉄砲が伝えられた場所を1つ選び，番号で答えよ。

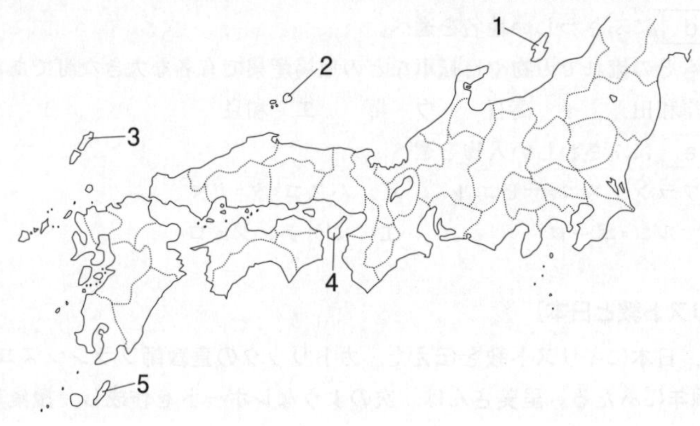

★57 [南蛮貿易]

次の文章を読んで，あとの問いに答えなさい。 (大阪高改)

1543年ポルトガル人を乗せた中国船が種子島に漂着した。この時，日本に伝えられた鉄砲はその後，(　ア　)などで大量に作られるようになった。1549年にはイエズス会の宣教師(　イ　)が鹿児島に来てキリスト教を伝えた。㋒16世紀の半ば平戸など九州各地に来航したスペイン・ポルトガルとの貿易を［①中継　②南蛮　③朝貢　④出会］貿易という。

問1　(　ア　)にあてはまる和泉の都市の名前を答えよ。

問2　(　イ　)にあてはまる人物の名前を答えよ。

問3　下線部㋒の時代に起こった文禄・慶長の役で朝鮮から連れてこられた人達の新しい技術によって盛んに作られるようになった製品は何か。次の中から適当な語句を選び，記号で答えよ。

ア　青銅器　　イ　漆器　　ウ　絹織物　　エ　陶磁器

問4　文章中のスペイン・ポルトガルとの貿易として正しいものを［　］の①～④から1つ選び，番号で答えよ。

★★58 ［天下統一事業①］

次の文章を読んで，あとの問いに答えなさい。 （北海道・北海高改）

【　X　】は戦国武将である。駿河（静岡県）の（　1　）を桶狭間で破って力をつけると京都にはいった。宗教勢力などは天下統一の妨げであると考えた【　X　】に対して，浄土真宗の顕如は，1570年に各地の門徒に【　X　】打倒の檄（げき）を飛ばした。大坂の（　2　）は甲斐の武田氏や越前の（　3　）など各地の戦国大名と連携して【　X　】に対抗し，当時有力な農民の指導のもとで成長した自治的な村落である（　4　）と深く結びついて，これを基盤に一揆を起こした。

問1　（　1　）～（　3　）に入る適語を語群から選び，記号で答えよ。(完全解答で正解とする)

【語群】　ア　延暦寺　　イ　本願寺　　ウ　浅井氏　　エ　明智光秀
　　　　　オ　今川氏　　カ　毛利氏　　キ　朝倉氏　　ク　足利義昭

問2　文中（　4　）に入る適語を答えよ。

問3　下線部による一揆を一般的に何というか答えよ。

★★59 ［天下統一事業②］

次の文章を読み，あとの各問いに答えなさい。 （大阪・摂陵高改）

有力な戦国大名たちは，京都にのぼって朝廷から認められ，全国の統治者になろうとした。1560年，尾張の(a)織田信長は駿河の今川義元を桶狭間の戦いで破ってから勢力をのばし，京都にのぼって，（　イ　）を将軍に立て全国統一に乗り出した。その後，信長は，将軍権威の回復をめざして信長と敵対した（　イ　）を1573年に京都から追放して，ここに室町幕府はほろんだ。信長は鉄砲の導入に積極的で，当時最強といわれていた甲斐の武田氏の騎馬軍団を，大量の鉄砲で迎え撃ち壊滅させた。全国統一への道を切り開いた信長であったが，1582年，中国の毛利氏を討つ途中で，家臣の明智光秀にそむかれ，京都の本能寺で自害した。

織田信長のあとをついで，天下統一を完成させたのは信長の家臣の(b)豊臣秀吉である。秀吉は1582年，山崎の合戦で明智光秀を討ち，さらに織田家のほかの有力な家臣たちとの争いに勝利し，信長の後継者としての地位を確立した。1583年には，巨大な大阪城の建造に着手し，全国を統治しようとする意思を示した。1585年，秀吉は四国の長宗我部氏を降伏させるとともに，朝廷から（　ロ　）の位を得ることに成功した。これによって秀吉は，天皇から全国の統治をまかされたとして，大名の間の戦いや一揆などいっさいの争いを停止し，その解決を秀吉にゆだねるように命じた。1587年，秀吉はこれに従わない九州の島津氏を降伏させ，1590年には小田原の北条氏を滅ぼし，伊達氏など東北

着眼

57 問1　鉄砲は近江（おうみ）の国友，紀伊の根来（ねごろ）・雑賀（さいか）などでも大量に生産された。問4　日本にきたスペイン人やポルトガル人は何とよばれたかに注意して解くとよい。

の大名を従えて全国を統一した。

問1　文章中の（　イ　）・（　ロ　）に入る適当な語句を答えよ。

問2　下線部(a)について，織田信長の統一事業を年代順にならべるとどのようになるか，下のア～エの中から１つ選び，記号で答えよ。

ア　桶狭間の戦い→長篠の戦い→比叡山延暦寺の焼き討ち→安土城下に楽市・楽座をしく

イ　桶狭間の戦い→比叡山延暦寺の焼き討ち→長篠の戦い→安土城下に楽市・楽座をしく

ウ　桶狭間の戦い→比叡山延暦寺の焼き討ち→安土城下に楽市・楽座をしく→長篠の戦い

エ　桶狭間の戦い→長篠の戦い→安土城下に楽市・楽座をしく→比叡山延暦寺の焼き討ち

問3　下線部(b)について，豊臣秀吉の政策として誤っているものを，下のア～エの中から１つ選び，記号で答えよ。

ア　太閤検地の実施　　　　イ　刀狩りの実施

ウ　宣教師の国外追放　　　エ　南蛮貿易の禁止

★60 [安土桃山時代の社会]

次の文章は，集落・村に関する記述です。この文章を読んで，あとの問いに答えなさい。（三重・暁高改）

(a)安土桃山時代には，豊臣秀吉の太閤検地により，村々の収穫高などが把握されるようになった。また，①農村の構成員は武器を持たず農業に専心するようになり，武士は城下町に集められた。

問1　下線部①に関して，この政策を何というか，漢字４字で答えよ。

問2　下線部(a)に関して，次の各短文の正誤を判断し，正しいものには○，誤っているものには×をつけよ。

(1)　この時代に織田信長は，関所や座の商人から通行料や税を徴収して，経済的な力をつけた。

(2)　この時代の絵画は，狩野永徳らによって，ふすまや屏風に豪華な金地の絵がえがかれた。

★61 [安土桃山時代の史料]

次の史料を読んで，あとの問いに答えなさい。（高知学芸高改）

諸国の百姓が刀やわきざし，弓，やり，鉄砲，そのほかの武具などを持つことは，かたく禁止する。不必要な武具をたくわえ，年貢その他の税をなかなか納入せず，ついには一揆を企てたりして，領主に対してよからぬ行為をする者は，もちろん処罰する。

問1 史料は豊臣秀吉が定めた法である。何という法か答えよ。

問2 史料の豊臣秀吉の時代に，ものさしやますを統一し，全国の田畑の広さや土地の良し悪しを調べ，予想される生産量をすべて米の容積であらわしたことを何というか，**漢字4字**で答えよ。

★★62 [豊臣秀吉の外交]

次の文は，江戸時代の儒学者新井白石が著した歴史書「読史余論（とくしよろん）」の一部を，口語訳したものです。これを読んで，あとの問いに答えなさい。 (宮城・東北学院高改)

豊臣秀吉は，昔の人の知恵を利用してみずから（　　）となり，天下の権力をほしいままにした。

問1 文章中の（　　）にあてはまる役職を次のア～エから1つ選べ。

ア 征夷大将軍　　イ 摂政

ウ 関白　　エ 上皇

問2 下線部について，次の各問いに答えよ。

(1) 豊臣秀吉に関して，**誤っているもの**をア～エから1つ選べ。

ア 1582年，織田信長の死後，秀吉は毛利氏との戦いをすばやく切り上げ，山崎の戦いで柴田勝家を滅ぼした。

イ 織田信長の同盟者であった徳川家康と小牧・長久手で戦ったが，勝負がつかず和睦し，のち関東へ移動させた。

ウ 1585年に四国の長宗我部氏を平定し，1587年に島津氏を降伏させ九州を平定した。

エ 1590年，小田原の北条氏を征伐したのち，東北の伊達氏を服従させて，軍事的に全国を統一した。

(2) 豊臣秀吉は天下統一をなしとげると，朝鮮国，呂宋（るそん），インド，高山国（たかさんぐに）などに手紙を送り服属することを求めたが，これらの国々について述べた文として誤っているものを，次のア～エから1つ選べ。

ア 朝鮮国は，李成桂が新羅にかえて建てた国である。

イ 呂宋（フィリピン）は，当時スペインの支配下にあった。

ウ インドにはポルトガルが進出し，ゴアを拠点に貿易を行っていた。

エ 高山国とは，現在の台湾のことである。

(3) 豊臣秀吉が朝鮮侵略を行った際に水軍を率いて日本軍をやぶった朝鮮の人物を答えよ。

着眼

60 問2 (1)織田信長の経済政策としては，商工業者の自由な活動を認めるために安土の城下などに出された楽市・楽座令や，経済活動の円滑化を図るための政策などがあげられる。これらの政策で得た富が，信長の統一事業に役立った。

★63 ［桃山文化］

次の問いに答えなさい。　（大阪・開明高改）

問1　桃山文化の特色・美術・文学や芸能の組み合わせとして正しいものを，次から1つ選び，記号で答えよ。

＜特色＞

① 上方（京都・大阪）の町人中心で，明るく現実的な文化

② 大名や大商人の気風を反映した，雄大で豪華な文化

③ 江戸の町人文化で皮肉や洒落が喜ばれ，川柳や狂歌が流行

＜美術＞

① 浮世絵（葛飾北斎・喜多川歌麿）　写生画（円山応挙）

② 装飾画（俵屋宗達・尾形光琳）　浮世絵（菱川師宣）

③ 大阪城・姫路城の天守閣　ふすま絵や屏風絵（狩野永徳・山楽）

＜文学・芸能＞

① 浮世草子（井原西鶴）　俳諧（松尾芭蕉）　浄瑠璃台本（近松門左衛門）

② こっけい本（十返舎一九）　俳諧（与謝蕪村）

③ 茶道（千利休）　阿国歌舞伎

ア　特色＝②　美術＝③　文学・芸能＝③

イ　特色＝③　美術＝②　文学・芸能＝①

ウ　特色＝③　美術＝①　文学・芸能＝②

エ　特色＝②　美術＝①　文学・芸能＝③

オ　特色＝①　美術＝②　文学・芸能＝③

カ　特色＝①　美術＝③　文学・芸能＝②

問2　桃山文化と関係の深い写真をア～エの中から1つ選び，記号で答えよ。

ア

イ

ウ

エ

5 幕藩体制と鎖国

解答 別冊 p.20

★64 [江戸幕府の開幕]

次の文章を読んで，あとの問いに答えなさい。 （東京・桜美林高改）

豊臣秀吉が死んだ後，徳川家康は勢力を広げて，対立した石田三成らの大名を［　　］年の関ヶ原の戦いでやぶり，征夷大将軍となって江戸幕府をひらきました。そして，1615年には大阪城をせめて，豊臣氏をほろぼしました。幕府においては，将軍の家臣で，1万石以上の領地をもつ武士を大名，大名の領地とそれを支配するしくみを藩といいました。幕府は大名がそむかないように，大名の統制には力を入れました。

問1　文中の［　　］にあてはまる数字を答えよ。

問2　下線部に関して，日本の歴史上で征夷大将軍になったことのない人物を次の中より選び，記号で答えよ。

ア　源頼朝　　イ　足利尊氏（たかうじ）　　ウ　織田信長　　エ　徳川秀忠

★★65 [江戸幕府のしくみ] 頻出

次の文章を読んで，あとの各問いに答えなさい。 （國學院大栃木高）

ⓐ関ヶ原の戦いで勝利した徳川家康は，1603年には征夷大将軍に任じられ，江戸に幕府を開いた。1615年には豊臣氏を大阪夏の陣で滅ぼした。江戸幕府は豊臣秀吉の政策を受けつぎ，260年余りも続く平和な時代をつくりあげた。この時代を江戸時代という。

江戸幕府のしくみは，ⓑ3代将軍のころまでにつくられた。将軍の下で老中が政治の運営にあたり，ⓒ寺社奉行・(江戸)町奉行・勘定奉行などが仕事を分担し，これらの役職にはⓓ譜代大名や旗本が任命された。また幕府はⓔ厳しい法律を定めて，大名・朝廷・公家・寺社などを取りしまった。

問1　下線部ⓐについて，現在の何県にあたるかを次のア～エより1つ選び，記号で答えよ。

ア　静岡県　　イ　長野県　　ウ　愛知県　　エ　岐阜県

問2　下線部ⓑについて，この将軍の氏名を**漢字4字**で答えよ。また，この将軍は大名に1年おきに領地と江戸を往復させる制度を定めたがこれを何というか，**漢字**で答えよ。

難 問3　下線部ⓒについて，三奉行のうち，1万石以上の大名が任命される職名を**漢字**で答えよ。

問4　下線部ⓓについて，この説明として正しいものを次のア～エより1つ選び，記号で答えよ。

ア　徳川家康が三河の領主であったころから家臣であったもの。

イ　関ヶ原の戦い前後に徳川家康に従ったもの。

ウ　関ヶ原の戦いの後に徳川家康に従ったもの。

エ　徳川家康の一族のもの。

問5　下線部ⓔについて，次の⑴・⑵に答えよ。

⑴　大名が許可なく城を修理したり，大名どうしが無断で婚姻を結んだりすることを禁止した法律名を漢字で答えよ。

⑵　天皇や公家の行動を制限し，朝廷を監視するために京都に置かれた役職を，次のア～エより1つ選び，記号で答えよ。

ア　京都守護　　イ　六波羅探題　　ウ　京都町奉行　　エ　京都所司代

問6　江戸幕府が開かれたころ，最も近い時期に外国で起こったできごとを次のア～エより1つ選び，記号で答えよ。

ア　オランダが東インド会社を設立する。

イ　ポルトガルがインドのゴアを占領する。

ウ　イギリスに名誉革命が起こる。

エ　アメリカ独立戦争が起きる。

★66 [鎖　国]

次の資料を見て，あとの問いに答えなさい。　(宮崎，鹿児島改)

資料Ⅰ　日本の鎖国下の貿易

江戸幕府は，左の絵のように，長崎に人工島をつくって，外国との人や物の交流を厳しく制限する体制を整えた。

資料Ⅱ

男が役人の前で絵を踏まされている。

問1　資料Ⅰに関して鎖国が完成した時期の対外関係の説明として正しいものを，次のア～エから1つ選び，符号で答えよ。

ア　キリスト教や西洋の科学に関係のある書籍だけは，輸入が許可されていた。

イ　海外に出ることはできなかったが，東南アジアにある日本町は栄えた。

ウ　貿易を許可された外国船は，風説書(ふうせつがき)を幕府に差し出すよう命じられていた。

エ　将軍の代がわりごとに来ていた朝鮮通信使が，来られなくなった。

問2　資料Ⅱに関して，幕府が資料に見られるようなことを行ったねらいを書け。

★★67 [江戸時代の経済]

次の文を読み，空欄（　）に適する語句を答え，あとの問いに答えなさい。

(福岡・明治学園高改)

戦国時代，安土桃山時代を経て，全国を支配する武家の頂点に立ったのが，徳川家康である。江戸幕府は全国のおよそ【　A　】の石高を所有し，①重要都市や②鉱山・山林などを幕府領として，経済的にも圧倒的な支配力を示した。幕府の置かれた江戸は「将軍のおひざもと」と呼ばれ，政治の中心地であり，人口100万を超える国内最大の消費地でもあった。③大阪は商人の手で運河が掘りめぐらされ，商業都市として栄えて「(　　　)」と呼ばれた。④江戸・大阪間に定期航路が開かれると，木綿・酒・しょう油・菜種油などが江戸へ積み出され，それを扱う問屋が力を伸ばした。また，日本海と大阪を結ぶ西まわり航路が開かれると，商業都市としての大阪は一層発展した。

問1　【　A　】にあてはまる語句として正しいものを次のア～エから1つ選び，記号で答えよ。

ア　2分の1　　イ　3分の1　　ウ　4分の1　　エ　5分の1

問2　下線部①について，幕府が直接支配した都市として**誤っているもの**を次のア～カから1つ選び，記号で答えよ。

ア　駿府　　イ　長崎　　ウ　京都　　エ　下関　　オ　下田　　カ　日光

難▶問3　下線部②について，鉱山で採掘され精錬された金・銀・銅は貨幣として加工されたが，初めて金貨・銀貨の質を落として差益を得ることで幕府の財政難を切り抜けようとした将軍は誰か。

問4　下線部③について，諸大名が年貢米を換金するために大阪に置いた施設は何か。

問5　下線部④について，この航路を就航した廻船を1つ答えよ。

★★★68 [江戸時代の農業] <頻出

次の図版を見て，あとの問いに答えなさい。

(石川・金沢大教育学部附高改)

右の図は江戸時代における農具の改良を示している。脱穀用具で当初は上の「こきばし」が使われたが，のちに下の「千歯こき」が使われるようになった。

「こきばし」…脱穀具。2本の竹棒に穂をはさんで扱く。

「千歯こき」…元禄頃考案された脱穀具。

問1　なぜ，百姓はこのように農具の改良をしたか，その理由を答えよ。

難▶問2　江戸時代における幕府の百姓支配の方針に関して，「百姓は財の余らぬように不足なきように治めることが，為政者の道である。」という言葉がある。下線部は，どのように百姓を支配することを言っているのか，説明せよ。

問3　次のア～エは江戸時代の幕府や藩の百姓支配について述べたものである。このうち**誤ったもの**を1つ選び，記号で答えよ。

ア　百姓が田畑を売却して没落しないように，田畑の売却を禁止した。

着眼

65　問6　ア．1602年。イ．1510年。ウ．1688年。エ．1775年。

66　問2　踏まされているのは，キリストなどの姿を刻んだ銅板（踏絵）である。

イ 村の自治を利用して支配するために，村の有力者を村役人に任命した。

ウ 犯罪の防止や年貢の納入のために，五人組の制度を作らせた。

エ 窮乏(きゅうぼう)した百姓を救うために，都市への出稼ぎをしばしば奨励した。

★69 [江戸時代の経済と外交] <頻出

次の文章を読んで，空欄（ a ）・（ b ）にあてはまるもっとも適当な語句を答え，かつ下線部に関する各問いに答えなさい。（大阪・桃山学院高改）

江戸時代になると，新田開発がすすんだり①農業技術や肥料の改良がすすんだりして，農業が飛躍的に発展した。こうして米などの主食だけではなく，商品作物が多く作られるようになり，農民たちは自給自足の農業から商品経済にまきこまれるようになった。商品作物の多くは「天下の台所」とよばれる大坂（大阪）に集められ，各藩の米や特産物は（ a ）というところにおさめられ，商人たちによって取引が行われた。商品経済が発達すると生活がぜいたくになり，物価が上昇したため幕府や藩の財政は苦しくなっていった。これらのしわよせが農民や庶民におしつけられると，一揆や打ちこわしが多くなった。1837年に大坂（大阪）で（ b ）の乱がおこると，様々な問題にとりくむため，幕府では天保の改革が実行されたが多くは失敗に終わった。同じころ，幕府は②外交面にも多くの問題を抱えていた。19世紀になると，外国船がしきりに日本の沿岸に近づいてきたのである。幕府は外国船を追い払う方針を決定するが，これに対して外国事情にくわしい一部の学者は批判的であったため，幕府は彼らを厳しく処罰している。

問1 下線部①について，明らかに誤っている文章を次のア～エから1つ選び，記号で答えよ。

ア 千葉県の野田や銚子では，しょう油づくりにおいて工場制手工業が発達した。

イ 深く耕すための道具として，備中鍬が考案され使用された。

ウ 鰯（いわし）を干した肥料を購入して使用するようになった。

エ 江戸近郊の農村で製造された西陣織は，京都の公家に愛好された。

問2 下線部②の江戸時代の外交について述べた文章として明らかに誤っているものを，次のア～エから1つ選び，記号で答えよ。

ア 江戸幕府は，日本人の海外往来を禁止し，外国船の入港を長崎のみに限定した。ポルトガル船の来航を禁止したため，長崎に来るヨーロッパ船は，オランダ船のみとなった。

イ 蝦夷地(えぞち)（北海道）の南部に領地をもつ松前氏は，アイヌの人たちとの貿易を独占して大きな利益を得ていた。そのため，17世紀の後半にアイヌの人たちはシャクシャインを指導者として蜂起し，松前氏を蝦夷地から追放することに成功した。

ウ 朝鮮とは徳川家康の時代に講和が結ばれた。将軍の代がわりごとに通信使とよばれる使節が来日し，交易などは対馬藩の宗氏が担当した。

エ　中国と日本の薩摩藩に従うこととなった琉球（沖縄）は，国王や将軍が代がわりするごとに江戸城へ使節をつかわせた。

★★70 [江戸時代の政治改革①] 頻出

次の文章を読み，あとの問いに答えなさい。　（広島・近大附福山高改）

17世紀後半になると江戸幕府の政治も変化してきました。極端な動物愛護令（　1　）を出したり，寺院建築に多大な出費をしたりしたことで知られる（　A　）は，この打開策として質の悪い元禄小判を鋳造しましたが，本質的な解決にはならず，この後幕府は，慢性的な財政難に陥ることになりました。

（　B　）は，まず小判の質を戻そうと正徳小判を鋳造しました。また，出費を抑えるために，長崎での貿易を制限する命令を（　2　）年に出しました。

8代将軍となった徳川吉宗は，年貢の増収を図ることで財政を立て直そうとしました。大名に1万石につき100石の米を納めさせる（　3　）を定め，新田開発も積極的に行った結果，幕府の年貢収納高については江戸時代を通じて最高となりました。

（　C　）は，商業に重きをおいた財政政策を展開しました。その政策は，（　4　）を積極的に認め商人から税を取ることや，（　B　）が制限した長崎貿易において輸出を増やすことで金銀を輸入する方向へ転換し，貿易で利益をあげようというものでした。しかし，本人の賄賂政治や当時起こった天明の飢饉などで政治は挫折しました。

松平定信は，天明の飢饉を乗り越えた白河藩での政治を見込まれ，老中に抜擢されました。飢饉に備えて米を蓄えさせる（　5　）の制度を実施したほか，江戸に出てくる農民を生まれ故郷に帰らせる（　6　）を出して，年貢の確保に努力しました。

（　D　）は，相次ぐ外国船の接近や大坂で幕府の元与力（　7　）が起こした反乱の影響が色濃く残る中，老中として政治を進めました。商業の利益を独占する（　4　）を解散させたり，江戸・大坂周辺の大名・旗本の土地を幕府の直轄地とする（　8　）を出しましたが，どの政策も失敗あるいは効果がなく，わずか2年半で（　D　）は失脚しました。

問1　空欄A・B・C・Dにあたる人物を，次のア～オより1つずつ選び，記号で答えよ。

ア　田沼意次　　イ　水野忠邦
ウ　徳川綱吉　　エ　新井白石
オ　徳川慶喜

問2　空欄（　1　）～（　8　）にあてはまる語句・年代を答えよ。

着眼

70 問1　A．5代将軍。B．朱子学者で，6代将軍徳川家宣（いえのぶ）の侍講（じこう）（相談役）として改革を行った。C．老中で，商業を重視した。D．天保の改革を行い，財政の引き締めや風紀（ふうき）の粛正（しゅくせい）などで，幕府の権威を保とうとした。

問3　江戸時代中期は様々な産業が発達した。その1つに農具があるが，次の農具の名称を，次のア～オより1つ選び，記号で答えよ。

ア　千石どおし
イ　唐箕
ウ　踏車
エ　千歯こき
オ　竜骨車

問4　Aの人物の時代に発展した文化に属さないものを，次のア～ウより1つ選び，記号で答えよ。

ア

ウ

イ

★71　[江戸時代の政治改革②]　＜頻出

次の江戸時代の政治改革①～④について，あとの問いに答えなさい。　（大阪・開明高）

①　享保の改革	②　田沼の政治	③　寛政の改革	④　天保の改革

問1　次のア～クのことがらについて，上記の政治改革①～④にあてはまるものをそれぞれ2つずつ選び，記号で答えよ。

ア　物価の引き下げをはかり，株仲間を解散させた。
イ　農民の離村を禁止し，飢饉（ききん）に備えて村に米を蓄えさせた。
ウ　株仲間の営業権を積極的に認め，税を納めさせた。
エ　農村の再建を図り，人返し令で出稼ぎの農民を帰村させた。
オ　公事方御定書を制定し，裁判を公正なものにした。
カ　目安箱を設けて庶民の意見を聞くようにした。
キ　幕府の学問所では，朱子学以外の学問を禁止した。
ク　大商人と結んで印旛沼（いんばぬま）や手賀沼の干拓を行った。

問2　①の政治改革を進めた8代将軍は誰か。
問3　③の政治改革を進めた老中は誰か。

★★72　[江戸時代の政治]

次の文章を読み，あとの問いに答えなさい。　（長崎・青雲高改，京都・洛南高改）

歴史史料は必ずしも公平・客観的に記述されるわけではなく，その史料を記した人の主観によって変化することがある。たとえば江戸時代中期の政治家に，賄賂(わいろ)政治家として非常に汚れたイメージをもたれる<u>田沼意次</u>がいる。しかし，このイメージは，田沼の政策に反対する人々が吹聴(ふいちょう)したうわさによるところが大きい。特に寛政の改革を行った老中である松平定信がさかんに田沼を批判したため，田沼＝賄賂政治家という印象が当時から定着してしまった。しかし，田沼の政策によってこの時代には経済の発展がみられ，また，江戸を中心とした庶民文化も花開くことになった。

問１　下線部について，田沼意次が行ったことを述べた文として正しいものを，次のア～オから１つ選び，記号で答えよ。

ア　目安箱により庶民の意見を取り入れて，小石川養生所が設けられた。

イ　荻原重秀の意見を取り入れて貨幣の改鋳を行い，財政を一時的に安定させた。

ウ　湯島の聖堂学問所で，朱子学以外の講義や研究を禁止した。

エ　工藤平助の意見を参考にして，蝦夷地の開発を計画した。

オ　人返しの法を制定して農民の出稼ぎを禁止し，農村の再建をはかった。

問２　下線部について，田沼意次は「株仲間」を奨励した。「株仲間」とは何か。簡単に説明せよ。

★★73　[百姓一揆・打ちこわし]　頻出

下のグラフは，江戸時代の百姓一揆・打ちこわしの発生件数である。あとの問いに答えなさい。　（日大山形高）

難　問１　下のグラフを読み，その説明として正しいものを，あとのア～エから１つ選べ。

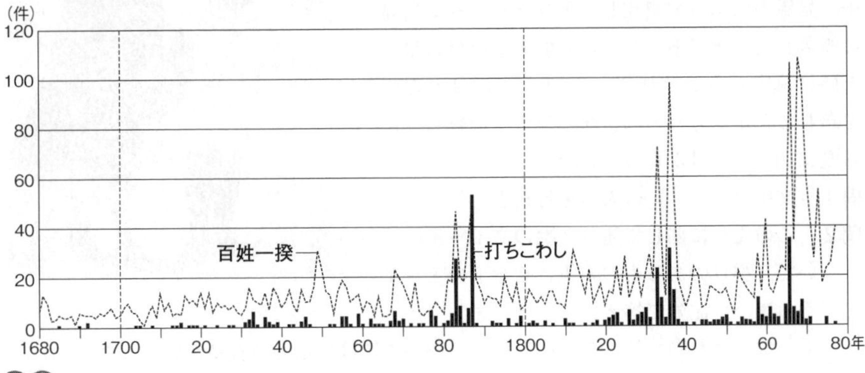

着眼

73　江戸時代の百姓一揆は，年貢の軽減などを要求することが多かった。また，一般の農民の中から指導者が現れ，比較的広範囲にわたる農民が団結することで大規模なものとなることが多かった。

ア　打ちこわしの年間件数が最も多かったのは，天明の飢饉が発生した時期である。徳川吉宗は，農村復興などの改革にとり組んだ。

イ　日米修好通商条約が結ばれて貿易がはじまったため，日本の国内では経済が混乱して物価が高くなった。そのため，この時期から打ちこわしや百姓一揆の数が激増している。

ウ　享保の飢饉の影響をうけて，それまで年間40件を超えることのなかった百姓一揆と打ちこわしがともに40件を超えた。

エ　年間の百姓一揆の件数が最も多かったのは，天保の飢饉が起きた時期である。幕府は水野忠邦が株仲間を解散させるなどの改革を行い，物価を安定させようとした。

問2　財政難にあった米沢藩で，開墾・倹約・産業の育成を行い，藩政を立て直した上杉治憲が活躍した時期として正しいものを，次のア～エから1つ選べ。

ア　17世紀前半　　イ　17世紀後半　　ウ　18世紀前半　　エ　18世紀後半

★★74 ［ロシアの接近］

次の文章を読んで，あとの問いに答えなさい。　（北海道・北海高改）

江戸時代の後半になると，ロシア船などの外国船がしばしば日本に接近した。寛政4（1792）年には，エカテリーナ2世号と名付けられた船が，右の絵中の（　1　）という日本人を乗せて根室に来航し通商を求めた。（　1　）は，伊勢国（三重県）の生まれで，伊勢白子から江戸へ向かう途中，暴風雨にあって遭難し，アリューシャン列島に漂着した人物であった。この船の乗組員の根室上陸は幕府から許されず，（　1　）が日本の土を踏むことができたのは松前の地で，遭難してから既に10年の歳月が経っていた。

難▶問1　文中（　1　）の人名を答えよ。

問2　この文章に関して述べた次の文ⅰ～ⅳについて，誤りのあるものの組合せを下のア～エから選び，記号で答えよ。

ⅰ　ロシア船の来航はこの後も続き，1854年には日本との貿易が始まった。

ⅱ　エカテリーナ2世号が根室に到着した寛政4年時の老中は，松平定信である。

ⅲ　ロシア船の到着に幕府が直ちに上陸許可を出さなかったのは，鎖国が理由である。

iv　日露間に国交が開かれていなかったため，絵中の人物は捕虜として監獄で生活していた。

ア　iとiii　　イ　iとiv　　ウ　iiとiii　　エ　iiとiv

★★75 [江戸時代の文化]

蹴鞠（けまり）の歴史についての文章を読み，あとの問いに答えなさい。　（京都・洛南高改）

室町時代から江戸時代にかけて，難波流は衰えましたが，飛鳥井流は着実に受け継がれました。室町幕府第８代将軍足利義政，戦国大名今川義元の子である氏真，①江戸幕府第２代将軍徳川秀忠，②修学院離宮をつくった後水尾天皇などは飛鳥井流の蹴鞠の愛好家だったそうです。江戸城内には「鞠垣（まりがき）」が，町中には「蹴鞠道場」が設けられ，多くの人々がその技能・体力に応じて広く蹴鞠を楽しんでいたことが，古文書・③浮世絵などからうかがえます。

問１　下線部①について，江戸幕府は支配を強化するために，さまざまな面で統制を行った。そうした統制の１つに「寛政異学の禁」がある。この政策によって幕府の正式な学問とされたのは，儒学のうちの何という学派か。

難▶問２　下線部②について，修学院離宮や桂離宮のように茶室を取り入れた建築様式を，次のア～オから１つ選び，記号で答えよ。

ア　権現造

イ　書院造

ウ　神明造

エ　数寄屋造

オ　寝殿造

問３　下線部③について，葛飾北斎が描いた浮世絵として正しいものを，次のア～オから１つ選び，記号で答えよ。

ア

イ

ウ

着眼

74　問１　この人物は，伊勢（いせ）の船頭であったが，1782年，江戸に向かう途中で遭難（そうなん）し，アリューシャン列島でロシア人に救われた。その後，ロシアの首都ペテルブルクで皇帝エカテリーナ（エカチェリーナ）２世に謁見（えっけん）し，帰国の許しを得た。

エ

オ

★★76 ［江戸時代の文化］

次の文章を読んで，あとの問いに答えなさい。　（大阪薫英女学院高改）

松平定信は寛政の改革において，飢饉に備えて，各地に倉をつくらせて米をたくわえさせるなどの政策を行いました。また，彼の改革が行われた前後の時代には①化政文化が栄え，また，各藩では②藩校がつくられるなどの③教育熱も見られました。

問１　下線部①について，次のア～エの史料のうち，化政文化期の作品を１つ選べ。

ア

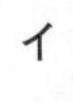

イ

ウ

エ

問２　下線部②について，各藩につくられた藩校のうち，水戸藩に建てられたものはどれか，次のア～エから１つ選べ。

ア　閑谷（しずたに）学校　　イ　弘道館　　ウ　松下村塾　　エ　鳴滝塾

問３　下線部③について，教育熱は庶民教育にも表れたが，読み書きを中心とした個別指導を行った庶民教育機関を何というか，答えよ。

着眼

76　問１　化政文化は，文化・文政年間（1804～29年）頃，江戸を中心として発達した町人文化。派手さを嫌い，粋（いき）と渋みを重んじるとされる。絵画では，喜多川歌麿，葛飾北斎，歌川広重などが有名である。

★★77 [江戸時代の人物] <頻出

次のA～Eの各文章を読み，あとの問いに答えなさい。 （京都成章高改）

A　この人物は，当初政務に励み，儒学を奨励した。しかし，のち寺院の建設などに多大な費用をかけたため財政難が深刻となり，その打開のために質の悪い貨幣を大量に発行した。また，この人物の時代を中心に(a)元禄文化が栄えた。

B　この人物は，白河藩主として［ 1 ］のききんを乗りきった実績が認められて，(b)寛政の改革に着手した。彼は，ききんで荒廃した農村の復興につとめるなど幕政のたてなおしをはかったが，厳しい統制政策は人々の不満をまねき，6年で失脚した。

C　この人物は，無理な年貢の取りたてとキリスト教に対する厳しい取り締まりに反発して発生した一揆である［ 2 ］を鎮圧すると，キリスト教の禁教令を強化するとともに，鎖国体制をつくりあげた。

D　この人物は，桶狭間の戦いののち織田信長と結び，勢力をたくわえた。豊臣秀吉が天下を統一すると，これに協力して関東に領地を与えられた。秀吉の死後，対立した石田三成を［ 3 ］の戦いで破った。さらに，豊臣氏を大阪の陣で滅ぼした。

E　この人物は，新田開発を積極的にすすめるなどの幕府の財政のたてなおしにつとめた。また，武士に倹約をすすめ，実学などの学問を奨励した。さらに，［ 4 ］を制定して裁判の基準とした。これらは享保の改革と呼ばれる。

問1　文章中の空欄［ 1 ］～［ 4 ］にあてはまる語句を答えよ。

問2　A～Eの文章中の**この人物**として**正しいもの**を，次のア～シからそれぞれ選び，記号で答えよ。

ア　徳川家綱　　イ　徳川家斉　　ウ　徳川家光　　エ　徳川家康
オ　徳川綱吉　　カ　徳川秀忠　　キ　徳川慶喜　　ク　徳川吉宗
ケ　新井白石　　コ　田沼意次　　サ　松平定信　　シ　水野忠邦

問3　下線部(a)と関係の深いものを，次のア～エから選び，記号で答えよ。

ア　鴨長明が『方丈記』で社会のむなしさを説いた。
イ　清少納言や紫式部など，宮廷女性が活躍した。
ウ　滝沢馬琴の『南総里見八犬伝』は多くの民衆に読まれた。
エ　松尾芭蕉が各地を旅しながら，俳諧を芸術の域に高めた。

難▶問4　下線部(b)について，この改革が行われているころと**同じ時期**のできごとを，次のア～エから選び，記号で答えよ。

ア　フランス革命が発生し，王制が打倒された。
イ　アメリカ合衆国で南北戦争が発生した。
ウ　中国で明が滅亡して清が中国を統一した。
エ　ドイツでルターが宗教改革を開始した。

77 問4　寛政の改革は，1787～93年に行われた。

★78　[江戸時代の年表]

次の年表を見て，あとの問いに答えなさい。　　（大阪・相愛高改）

1603　徳川家康が征夷大将軍に任命され，江戸幕府を開く
1615　豊臣氏の滅亡，武家諸法度の制定
1637　島原・天草一揆がおこる　…①
1639　ポルトガル船の来航が禁止され，鎖国が完成する　…②
1669　シャクシャインの乱がおこる　…③
<この頃，商工業が栄え，大商人があらわれる>　…④
1709　新井白石の政治がはじまる
A
1716　徳川吉宗の享保の改革がはじまる
1772　田沼意次が老中となる　…⑤
B
1787　松平定信の寛政の改革がはじまる
C
<この頃，江戸を中心とした町人文化がおこる>　…⑥
<この頃，工場制手工業がおこる>　…⑦
1841　水野忠邦の天保の改革がはじまる
D

問1　①について，この一揆のおこった場所を地図より1つ選び，記号で答えよ。

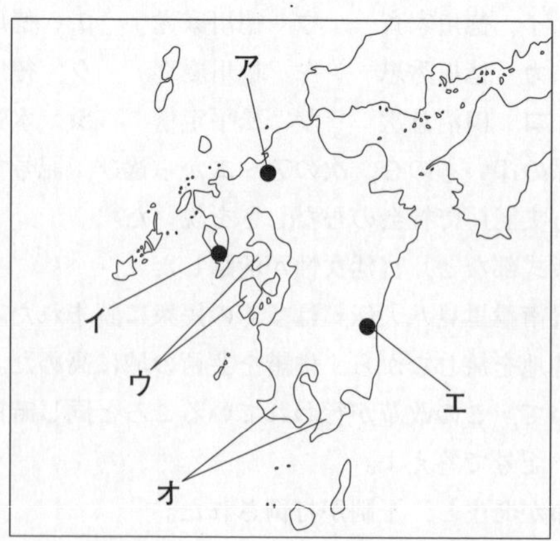

問2　②について，この時の将軍を次より1つ選び，記号で答えよ。
ア　徳川家光　　イ　徳川光圀　　ウ　徳川慶喜　　エ　徳川綱吉

問3　③について，この乱と最も関係の深い藩を次より1つ選び，記号で答えよ。
ア　薩摩藩　　イ　長州藩　　ウ　対馬藩　　エ　松前藩

問4　④について，江戸の三井や大坂の鴻池(こうのいけ)といった大商人は金銀の交換を営んで栄えた。このような業務を行った商人を何というか。

問5　⑤の政策として正しいものを次より1つ選び，記号で答えよ。

ア　江戸・大阪周辺の土地を幕府領にしようとしたが，大名や旗本たちに反対され失敗に終わった。

イ　大名の江戸滞在期間を減らす代わりに大名から幕府に対し米やお金を献上させるようにした。

ウ　銅や海産物を中国に輸出して金銀の獲得をはかった。

エ　ききんにそなえて各地に倉をつくり，米を貯蔵させた。

問6　⑥について，右の錦絵の作者を次より1つ選び，記号で答えよ。

ア　東洲斎写楽

イ　葛飾北斎

ウ　喜多川歌麿

エ　歌川(安藤)広重

問7　⑦に関して，次の資料は尾張国での工場制手工業による織物業を描いている。ここで作られているのは何織物か。次より1つ選び，記号で答えよ。

ア　綿織物

イ　絹織物

ウ　毛織物

問8　天明の大ききんがおこった時期を年表中のA～Dより1つ選び，記号で答えよ。

78　問3　シャクシャインの乱（戦い）は，アイヌの反乱である。問6　作者は美人画を得意とした。　問7　この織物業は尾張(おわり)や大阪周辺で発達した。

第2回 実力テスト

時間50分
合格点70点

得点 /100

解答 別冊p.24

1 次の文章を読み，あとの設問に答えなさい。(23点) (奈良・天理高改)

源義朝との戦いに勝った平清盛は，太政大臣となり，多くの荘園を支配するようになった。また，(a)中国との貿易を進めるために，兵庫の港を整えた。しかし，平氏の世は長く続かず，(b)源氏が政権をにぎることになる。

問1 上の文章と同じ世紀におこった出来事を1つ選び，記号で答えよ。(4点)

ア ローマ教皇がエルサレムをイスラーム教徒から奪回するための軍を初めて組織した。
イ 朝鮮半島では新羅にかわって高麗が建国された。
ウ 最澄が延暦寺を建てて天台宗を，空海が金剛峰寺を建てて真言宗を広めた。
エ 浄土宗の法然や臨済宗の栄西が誕生した。

問2 下線部(a)の中国の王朝名を，**漢字1字**で答えよ。(4点)

問3 下線部(b)について説明した文のうち，正しいものを1つ選び，記号で答えよ。(4点)

ア 源頼朝の子孫が代々将軍職を受け継ぎ，14世紀後半まで幕府が存在した。
イ 承久の乱ののち，朝廷や貴族は荘園をすべて失い，武士が全国を支配した。
ウ 13世紀にはいると，武家社会のならわしをまとめた武家諸法度が定められた。
エ 源頼朝は守護や地頭をおき，平泉に拠点をおく奥州藤原氏を攻めほろぼした。

ポルトガル人を乗せた中国の船が(c)種子島へ漂着したときに伝えられた鉄砲は，堺や近江の国友，紀伊の根来などでつくられるようになる。豊臣秀吉は，鉄砲を使って朝鮮半島を侵略させたが，(d)朝鮮の水軍に悩まされることになる。

問4 上の文章と同じ世紀におこった出来事を1つ選び，記号で答えよ。(4点)

ア アイヌの首長シャクシャインが兵を挙げ，松前藩と対立した。
イ ルターが，カトリック教会を批判し宗教改革をおこした。
ウ 尚氏が沖縄本島を統一して琉球王国をたて，首里を都とした。
エ 山城国では，守護大名畠山氏の軍が追い出され国人による自治が実現した。

問5 下線部(c)の島はどこにあるか。現在の都道府県名を答えよ。(4点)

問6 下線部(d)について，この水軍のリーダーを選び，記号で答えよ。(3点)

ア 李舜臣　　イ 安重根　　ウ 李成桂　　エ 柳寛順

2 次の文章を読み，あとの問いに答えなさい。(17点)　　（京都・立命館高改）

中世になって，元の襲来以降，外交にも変化がみられるようになった。(a)室町幕府は，積極的に貿易外交を進めていくことになる。また，朝鮮や琉球も貿易を取り入れて，東アジアの各国が結びついていった。

近世になるころ，(b)近代化への大きな変化を経験したヨーロッパから日本にキリスト教が伝えられた。(c)戦国大名たちは競って信者になろうとし，短期間で西日本に広まっていった。国内の統一が進むとキリスト教の禁圧が始まり，江戸幕府は貿易の統制を行って鎖国を完成した。鎖国下の日本は，オランダや清との交渉を続けたにすぎず，世界の動きからは取り残されていく結果となった。18世紀の末ごろから，通商を求めて外国船が近づくようになったが，(d)幕府は鎖国の方針を守って，これを断った。しかし，その後には圧力に負けて開国し，やがて国内の混乱のなかで幕府は倒れた。

問1　下線部(a)の説明として**誤っている**文をア～オから1つ選び，記号で答えよ。(4点)

ア　倭寇の取りしまりを条件に，中国と貿易を始めるようになった。

イ　明は近隣諸国に朝貢をもとめ，自国の商人が海外に出向くことを禁止した。

ウ　日本は積極的に東南アジアまで進出し，日本町までつくるようになった。

エ　直轄地の少なかった幕府にとって，貿易による収入は重要であった。

オ　貿易は，幕府だけでなく西国の守護大名や商人も参加して，活発に行われた。

問2　下線部(b)で，12世紀から16世紀の間におこった2つの大きな変化を，次のア～オから選び，記号で答えよ。(4点)

ア　啓蒙思想　　イ　宗教改革　　ウ　チャーチスト運動

エ　ルネサンス　　オ　名誉革命

問3　下線部(c)では，純粋な信者ではなく，別の目的で信者となった者がいたが，その目的を説明せよ。(5点)

問4　下線部(d)のために1825年に出された法律は何か，答えよ。(4点)

3 次の文を読んで，文中の下線部①～③について，あとの問いに答えなさい。

(25点)（奈良・東大寺学園高改）

貝は，食料や装身具以外にも，古来さまざまに利用されてきた。貨幣や染料のほか，①螺鈿（らでん）※などのように工芸に利用されたり，②貝覆（かいおおい）※などの遊具に使用されたりしてきた。また，貝からとれる真珠は，現在でも宝飾品として重んじられている。そのほかにも，文学や③絵画にとりあげられたり，貝にまつわる民話が残されたりするなど，貝と人との関わりは密接で，多岐にわたっている。

※　螺鈿…夜光貝やあわびなどの貝殻の薄片を漆器などにはめ込む技法。

貝覆…平安時代末頃に貴族の間で始まった室内遊戯で，はまぐりの貝殻を取り合わせるもの。

問1　下線部①は，日本の代表的な伝統工芸の1つで，その工芸品は南蛮貿易でも盛んに輸出された。日本と南蛮諸国との交流に関して述べた文として正しいものを次のア～エから選び，その記号を書け。（5点）

ア　1543年，初めて南蛮人が来航して鉄砲を伝え，その数年後にザビエルが鹿児島に来てからは，宣教師が次々と来日した。

イ　貿易の主な相手は，フィリピンを根拠地として進出してきたポルトガルで，全国各地で盛んに交易が行われた。

ウ　日本の主な輸入品は，火薬や中国産の生糸・絹織物・銀などで，主な輸出品は，銅・硫黄・刀剣・陶磁器などであった。

エ　土地を教会に寄進したり，一揆を起こしたりするキリスト教信者が増えたため，豊臣秀吉は，キリスト教の禁止を徹底した。

問2　下線部②に用いられる道具は，室町時代から江戸時代にかけて，上流階級の婚礼調度の1つとなった。室町時代～江戸時代の産業の様子について述べた次の文中の下線部㋐～㋚には，**3つの誤り**がある。その箇所の記号を書き，正しい語に直せ。（5点×3）

室町時代には，㋐二毛作や㋑牛馬耕がいっそう広まり，稲の品種が改良され，商品作物の栽培が盛んになってきた。商業も著しく発達し，㋒座と呼ばれた商工業者などの同業組合がさらに発展し，市の開かれる回数も増えてきた。京都や奈良では，㋓札差と呼ばれた質屋が高利貸しを営み，各地の港では，㋔両替と呼ばれた業者が商品の保管・輸送・委託販売を行って活躍し，陸上では，㋕馬借・車借と呼ばれた運送業者が活躍した。

江戸時代になると，土を深く耕すことのできる㋖備中鍬が普及し，漁業の発達もあって㋗干鰯（ほしか）が新しく肥料に用いられるなど，農業技術が発展し，新田開発が盛んに行われた。交通路が整備され，商業はなおいっそう発展し，㋘問屋制家内工業や㋙工場制手工業も発達した。また，㋚講と呼ばれた商工業者の同業組合が，幕府に公認されて発展した。

問3　下線部③について，貝を題材とした絵画に，15世紀後半，イタリアのボッティチェリが描いた「ヴィーナスの誕生」がある。この作品が描かれた頃のヨーロッパの様子としてあてはまるものを次のア～エから選び，その記号を書け。（5点）

ア　信仰は聖書のみに基づくべきであると説いたルターの教えは，ドイツから南フランス・イベリア半島に広まった。

イ　北アフリカを支配していたアラビア人が，イベリア半島に進出して，ゲルマン人の国家を滅ぼした。

ウ　コロンブス，バスコ=ダ=ガマの活躍など，スペイン・ポルトガルを中心として新航路の探検が盛んに行われた。

エ　イギリスで，議会を中心に団結した国民によって絶対王政が倒され，立憲君主制に基づく議会政治が確立された。

4　次の文を読んで，あとの問いに答えなさい。（35点）　（愛知・東海高改）

A　武士は元寇から日本を守るために奮戦したが，元寇の後はしだいに生活が苦しくなり，幕府の政治に対する武士の不満が高まった。こうした様子を見た（　1　）天皇が天皇中心の政治体制を再建するために倒幕を呼びかけると，(a)多くの武士がこれに応え蜂起したので鎌倉幕府は滅亡した。

B　8代将軍となった（　2　）は政治に熱心でなく，将軍の跡継ぎをめぐる対立や有力な守護大名の対立から，京都を戦場として（　3　）が起きた。これによって(b)下剋上の風潮はますます強まり，戦国時代に入った。

C　(c)10代将軍の時に老中をつとめた（　4　）は，商工業の発達を利用して財政再建を進めた。11代将軍の時に老中をつとめた（　5　）は，寛政の改革を行って政治を引き締めるとともに，ききんで荒廃した農村の復興や都市問題の解決に取り組んだ。

問1　（　1　）～（　5　）にあてはまる語句を答えよ。（4点×5）

問2　下線部(a)に関連して，このような武士に**該当しない**人物を次から1人選べ。（5点）

ア　新田義貞　　イ　足利尊氏　　ウ　北条泰時　　エ　楠木正成

問3　下線部(b)に関連して，下剋上の風潮について述べた文として**誤っているもの**を次から1つ選べ。（5点）

ア　近畿地方の農村では，有力な農民を中心に自治が行われ，農民は一揆を結んで徳政令を要求した。

イ　京都では有力な商工業者である町衆によって自治が行われた。

ウ　浄土真宗が近畿・北陸・東海地方に広がり，越後国では一向一揆が守護大名を滅ぼした。

エ　山城国南部では，（　3　）の後，地侍や国人の一揆が守護大名の軍勢を追放して自治を行った。

問4　下線部(c)に関連して，（　4　）の政治について述べた文として**誤っているもの**を次から1つ選べ。（5点）

ア　商工業者の座を認め，営業を独占させるかわりに税を納めさせた。

イ　長崎での貿易をさかんにするため，銅や海産物の輸出を奨励した。

ウ　町人に出資させて新田開発を進めた。

エ　蝦夷地の開発を計画した。

6 近代国家の成立と日本の開国

解答 別冊 p.25

★★79 [イギリスの市民革命] <頻出

次の文章を読んで，あとの各問いに答えなさい。 (広島・近畿大附福山高改)

イギリスでは，1603年にエリザベス１世が没するとスコットランド王がジェームズ１世として王位につき，ステュアート王朝を開きました。彼は議会を無視し，勝手に（ 1 ）を徴収したり少数の大商人に特許料とひきかえに営業独占権をあたえたりしたため，議会と対立しました。ついには，(A)議会派と国王派のあいだで内乱がおこり，（ 2 ）の率いる議会党軍が勝利をおさめました。（ 3 ）年には，国王が議会派によって処刑され，（ 4 ）を中心とする共和政治が始まりました。これを（ 5 ）革命といいます。しかし，政権をにぎった（ 2 ）の政治は軍事的独裁に終始したので，国民の反感をまねいて（ 6 ）政にもどりました。その後の国王たちも議会を無視することが多く，1688年に（ 7 ）革命が起こりました。国王を追放した議会は，（ 8 ）から迎えた新しい国王に(B)議会を重視し，国民の自由と権利を守る約束をさせました。

問１ 文章中の空欄（ 1 ）～（ 8 ）にあてはまる国名・語句・年号を答えよ。

問２ 下線部(A)について，「議会派」にはプロテスタントのうちカルヴァンの教えを信じる人々が多数いた。それらの呼び名をカタカナで答えよ。

問３ 下線部(B)について，この約束は何とよばれるか。答えよ。

★★★80 [イギリスとアメリカ]

次の文を読み，あとの問いに答えなさい。 (千葉・渋谷教育学園幕張高)

17世紀後半のイギリスでは，王政復活に対して不満を持った議会が協力し（ ① ）を退け，オランダからウィリアム公を迎え国王とした。（ ① ）はフランスへ逃亡したので，流血をともなわない革命が成功した。そのために名誉革命とよばれている。ウィリアム公はその後，ウィリアム３世となり議会が提出した『（ ② ）宣言』を認め，これをきっかけに議会の権限と，国民の自由と権利が明確になった。

その後，財政が苦しくなったイギリスは，アメリカに持った植民地である13州に対して印紙税をとることにした。これに対し，13州は(a)「代表なくして課税なし」と主張し，この条令を撤回させた。しかし，なおもイギリスは新しく，（ ③ ）に課税したため，1775年，アメリカのボストン郊外で，(b)13州はイギリスとの戦争を始めた。

1776年，13州の代表は，『（ ④ ）宣言』を発表し，人間は平等で，圧制に対する革命権を持っている事等を明らかにした。

問１ 文中の空欄（ ① ）に入る人名を次より１つ選び，記号で答えよ。

ア　クロムウェル　　　イ　エリザベス1世
ウ　チャールズ1世　　エ　ジェームズ2世

問2　文中の空欄（　②　）と（　④　）に入る語を下記よりそれぞれ1つずつ選び，記号で答えよ。

ア　解放　　イ　独立　　ウ　人権　　エ　権利　　オ　平和

難 問3　文中の下線部(a)の意味を，「イギリス」という語句を使って**35字程度**で説明せよ。

問4　文中の空欄（　③　）に入る語を下記より1つ選び，記号で答えよ。

ア　綿製品　　イ　鉄鋼　　ウ　パン　　エ　紅茶

難 問5　文中の下線部(b)において，13州側は武力が決して強くはなく苦戦していたが，最後にはイギリスに勝利した。当時の戦争中にあった以下のエピソードを参考にしながら，苦戦の理由と勝利した理由の両方を**80字以内**で説明せよ。

その際，「植民地なので」「フランス」「獲得競争」という3つの語句を使うこと。

<エピソード>
植民地側の武力組織である民兵は，ミニットマン（Minute-man）とよばれた。ふだんは仕事に従事しているのに，戦いになると1分間で兵士に早変わりしたのでこういわれた。銃など，彼らの装備はふぞろいであった。

★81　[フランスの市民革命]　頻出

次の文章を読んで各設問に答えなさい。　　（福岡・東海大付第五高改）

フランスでは絶対王政のもとで貴族や聖職者にはいろいろな特権が与えられていたが，人口の大半を占めていた農民・庶民には重税がかけられていた。ルイ14世の時代からの戦争や浪費などのために財政は破綻（はたん）状態にあった。このため，王である【　A　】は財政改革を実施して行く。王は身分別の会議である三部会を開会する。しかし1789年，会議では庶民の意見は聞き入れられなく，1789年6月に農民たちは広場に集まり誓（ちか）いを行い憲法制定を要求して，国民会議の成立を宣言した。しかし【　A　】は国民議会を解散させようと弾圧した。このため，7月14日パリの民衆は【　B　】を襲撃し革命を起こす。8月には封建的特権廃止宣言や㋐人権宣言を出し，市民革命としての意義を高らかにしめした。

問1　本文中の空欄【　A　】には人物名を，【　B　】には語句を答えよ。

問2　フランスでこのような市民革命が起こっている時，日本ではどのような改革が進められていたか。ア～エの中から1つ選び，記号で答えよ。

着眼
81　問1　A．当時のフランス国王を答えればよい。B．パリにあったある建物の名が入る。
問2　1787年に始まった寛政の改革の内容を考えればよい。問3　アメリカ独立宣言との区別に注意。

ア　財政の安定のため，豊作，不作に関係なく一定の年貢を取る方法に変えた。

イ　蝦夷地の開拓やオランダ，中国，朝鮮以外の国との交易も考え，貿易を積極的に盛んにしようとした。

ウ　幕府の学問所では朱子学以外の学問の講義を禁止した。

エ　大名や旗本の所領であった江戸，大坂周辺の生産性の高い土地と幕府領を交換しようとした。

問3　本文中の下線部㋐の宣言文の一部を下記に示す。①，②，③のどれが下線部の宣言文の一部か。1つ選び，番号で答えよ。

①　一，議会の同意なしに，王権により，法律または法律の施行を停止する権限は違法である。

四，議会の同意なしに，国王が使用するための金銭の徴収を行うことは，違法である。

②　われらは，次のことを自明の真理だと信ずる。すべての人は平等につくられ，生命・自由・幸福追求の権利を，神から与えられている。これらの権利を守るために政府が作られた。

③　一，人は，生まれながらにして，自由・平等である。

一，すべての政治的結合の目的は，人権を守ることにある。その人権とは，自由・所有，安全，圧制への抵抗である。

（①～③は「人権宣言」「アメリカ独立宣言」「権利の章典」の一部要約）

★★82　[産業革命と植民地政策]　＜頻出

産業の発展に関する次の文章を読んで，あとの問いに答えなさい。

（北海道・立命館慶祥高改）

18世紀の[A]で始まった産業革命は，主に[B]機関を動力として使用し，①機械工業による大規模大量生産を可能にして，社会のしくみを大きく変化させた。そうしてうまれた新しい社会では，資本家が労働者を雇って生産する，資本主義経済のしくみが成立した。19世紀以降確立された資本主義社会は，利益をめざす競争社会であり，そのもとでは貧富の格差をはじめとする②様々な社会問題が生じたので，労働者を中心とする平等な社会をめざす③社会主義の考え方もめばえるようになった。また④19世紀末以降になると，欧米列強は大企業と国家が一体となって植民地獲得競争をくり広げ，資源や市場を求めて⑤アジアやアフリカへ進出した。

問1　文中の[A]にあてはまる国名を答えよ。

問2　文中の[B]にあてはまる語句を漢字で答えよ。

問3　文中の下線部①に関連して，次の図は明治政府が群馬県の富岡に建設した官営工場である。この工場で生産されていた製品は何かを答えよ。

問4　文中の下線部②について，社会問題の例としてふさわしくないものを次のア～エの中から1つ選び，記号で答えよ。

ア　女性や子供など弱い立場の労働者が，低賃金で長時間の労働をしいられた。

イ　未整備なまま急激に人口が集中したため，都市の生活環境が悪化した。

ウ　周期的に恐慌が発生し，そのたびに解雇されるため，労働者の生活不安が増大した。

エ　人口の急増に食料の増産が追いつかず，飢饉が頻発した。

問5　下線部③に関連して，後にロシア革命を指導して，史上初の社会主義国を樹立した人物はだれか，次のア～エの中から1人選び，記号で答えよ。

ア　レーニン　　イ　マルクス　　ウ　ルソー　　エ　アダム=スミス

問6　下線部④のような動きを何というか，**漢字4字**で答えよ。

問7　下線部④のころの大企業の説明の例として，**適当でないもの**を次の中から1つ選び，記号で答えよ。

ア　植民地でのプランテーション経営によって，茶などの商品作物の大量栽培で莫(ばく)大(だい)な収益を上げた。

イ　巨大独占企業が反トラスト法などにより分割されると，市場競争力をかえって高めて莫大な利益を上げた。

ウ　大軍需産業が，相つぐ戦争で莫大な収益を上げた。

エ　植民地における鉄道建設および経営と，周辺の関連地域の鉱工業生産などの様々な利権を総合して莫大な収益を上げた。

問8　下線部⑤に関連して，東南アジアで唯一植民地化を免(まぬが)れた国を，次の中から1つ選び，記号で答えよ。

ア　マレーシア　　イ　インドネシア　　ウ　タイ　　エ　フィリピン

着眼

82　問4　産業革命が社会に与えたよい影響としては，大量生産によって物価を下げたことがあげられる。一方で，劣悪な環境下での労働を強いられる労働問題や，都市のスラム化による住環境の悪化，過密，治安の悪化などの新しい社会問題も生み出した。

★★83　[欧米諸国の革命とその後]

次の年表を見て，あとの問いに答えなさい。　(広島・近畿大附東広島高)

年代	できごと
1688年	イギリスで名誉革命がおこる　…A
1775年	アメリカで独立戦争がおこる　…B
1789年	フランス革命がおこる　…C
1804年	フランスで(　　　)が皇帝となる　…D
1840年	アヘン戦争がおこる　…E
1851年	太平天国の乱がおこる　…F
1857年	インドの大反乱がおこる　…G
1861年	アメリカで南北戦争がおこる　…H
1871年	ドイツが統一される　…I

問1　年表：Aについて，名誉革命の結果，翌年に発布された法律を答えよ。

問2　年表：Bについて，独立戦争後，アメリカ初代大統領になった人物を答えよ。

問3　年表：Cについて，『社会契約論』をあらわして，この革命に影響を与えたフランスの啓蒙思想家は誰か，答えよ。

問4　年表：Dについて，空欄にあてはまる人物を答えよ。

問5　年表：Eについて，この戦争の講和条約の内容として，誤っているものを次より1つ選び，記号で答えよ。

ア　キリスト教を禁止する。

イ　上海など5港を開港する。

ウ　香港をイギリスにゆずる。

エ　領事裁判権を認める。

問6　年表：Fについて，この反乱の中心人物は誰か，漢字で答えよ。

問7　年表：Gについて，この反乱の翌年，イギリスによりほろぼされたインドの国家を答えよ。

問8　年表：Hについて，この戦争のときに奴隷解放宣言を出したアメリカ大統領は誰か，答えよ。

問9　年表：Iについて，「鉄血政策」を推進し，ドイツを統一した首相は誰か，次より1人選び，記号で答えよ。

ア　ビスマルク

イ　マルクス

ウ　ヒトラー

エ　エンゲルス

問10 次の文章を年表中に入れるとすればどの記号の間に入るか。「A と B」の間という形で答えよ。

・ペリーが来航し，日米和親条約を結び，開国となる。

★★84 [ヨーロッパ諸国のアジア植民地化]

近代アジアにおけるヨーロッパ諸国の植民地化について，下の文章を読んで設問に答えなさい。 (高知・土佐高)

近代イギリスでは紅茶を飲む習慣が広がり，清国からの①茶の輸入が急増しました。しかし，茶の代金支払いに苦しんだイギリスは，インドの農民に（ 1 ）を作らせて清国に大量に輸出したため，清国は（ 1 ）の輸入を禁止したのです。これに対してイギリスは②1840年に強力な艦隊を派遣して，広州や上海を占領して清を降伏させ，1842年には清国に非常に不利な（ 2 ）条約が結ばれ，中国は次第に半植民地化していきました。③イギリスはその後日本の開国で対日貿易を開始しますが，その貿易でも欧米各国は日本から数々の品目を輸入するようになりました。

問1 空欄（ 1 ）について，ここには当時から麻薬として中毒患者の増加が恐れられた品目が入る。それは何か，**カタカナ**で答えよ。

問2 空欄（ 2 ）について，ここには中国の大都市の名が入る。**漢字**で答えよ。

問3 下線部①について，イギリスの植民地であったアメリカが，イギリス本国の茶税法に反対して東インド会社の茶船を襲い，海に捨てるという事件が1773年におこった。この，アメリカ独立革命の契機となる事件のおこったアメリカの港湾都市はどこか。次の中から選び，記号で答えよ。

ア ポーツマス　　イ ボストン
ウ シカゴ　　エ シアトル
オ ニューヨーク　　カ ノーフォーク

問4 下線部②について，この戦争後の中国の状態を，上海で実感した長州藩(山口県)のある人物は，西洋の近代的軍隊の強さと中国人の悲惨な実態について，日記に書き残している。その後，郷里にもどって「奇兵隊」を創設したこの人物は誰か。**漢字**で正しく答えよ。

問5 下線部③について，1859（安政6）年から始まった欧米各国との貿易で，日本からの輸出品目の中で茶よりも輸出総額が大きかったのは何か。その品目名を1つだけ**漢字**で正しく答えよ。

着眼

84 問1 （ 1 ）は，ケシからつくる麻薬である。清は，中毒患者の激増と，（ 1 ）の輸入量が中国産の茶の輸出量を上回ったことからくる銀の国外流出に危機感を覚え（支払いに銀を使用していたため），（ 1 ）の密貿易の取り締まりを強化した。

★85　[万博の歴史]

次の文章を読んで，あとの問いに答えなさい。　（愛知・中京大附中京高改）

1851年，世界で最初の万国博覧会（万博）がイギリスのロンドンで開催されました。この大イベントは，（　a　）によって（　b　）イギリス帝国の工業力・技術力を世界に見せつけるものとなりました。大成功に終わったこの第１回ロンドン万博以降，ヨーロッパやアメリカを中心に各国で万博が行われるようになっていきました。

1862年に再びロンドンで行われた万博には，日本からも幕府の使節団が送られ，世界各国の展示品を見学しました。日本はこのころ，イギリス商人を殺害する生麦事件がおこるなど，(c)尊王攘夷運動がさかんな時期でもありました。

日本が正式に万博に参加したのは，1867年のフランスのパリ万博が最初でしたが，この万博をきっかけとして，フランスなどの国では日本文化への興味・関心が高まり，いわゆる「ジャポニズム」が生まれていくことになりました。

問１　文中の（　a　）・（　b　）にあてはまる語・文の組み合わせとして適切なものを，次のア～エのうちから１つ選び，記号で答えよ。

ア　（　a　）―アヘン戦争，（　b　）―インドを植民地にした
イ　（　a　）―産業革命，（　b　）―世界の工場となった
ウ　（　a　）―名誉革命，（　b　）―絶対王政が成立した
エ　（　a　）―日英同盟，（　b　）―日本と技術提携した

問２　文中の下線部(c)のころにおこった世界の出来事として適切なものを，次のア～エのうちから１つ選び，記号で答えよ。

ア　アメリカで，奴隷制をめぐって北部と南部が対立し，南北戦争がおこった。
イ　ムハンマド（マホメット）がイスラム教によってアラビア半島を統一した。
ウ　インドで，ガンディーらが非暴力・不服従の抵抗運動をすすめた。
エ　ルターが免罪符を販売する教会のやり方を批判して，宗教改革がはじまった。

★★86　[ヨーロッパのアジア進出と日本]　＜頻出

近代における日本と中国との関係について述べた次の文章を読み，空欄ａに最も適当な語句を記入し，あとの問いに答えなさい。　（愛媛・愛光高改）

①産業革命をなしとげた欧米諸国が東アジアにも本格的に進出を開始した。当時，日本と清はともに貿易や外交を制限して鎖国を続けていたが，清は1840年にはじまるアヘン戦争に敗れて開国せざるをえなくなり，日本は来航したペリーの圧力で開国をよぎなくされた。その後，清では重税に苦しむ農民が1851年に［　a　］の乱をおこすなど混乱が続いたが，②日本でも国内の政治のあり方や開国，貿易に対する考え方の違いなどから，激しい対立や抗争がはじまり，1868年には江戸幕府にかわって明治政府が新たに誕生した。

問1　下線部①について，最初に産業革命がはじまったのはイギリスであるが，産業革命前後のイギリスの産業について述べた次の文の中から，**誤っているものを1つ選べ**。

ア　産業革命がおこる前から，イギリスではマニュファクチャーによる毛織物生産が発達しており，毛織物の輸出もさかんであった。

イ　産業革命によって，イギリスでは外国産の綿花を原料にして，発明された紡績機や織機を使って，綿布が大量に生産できるようになった。

ウ　産業革命後，イギリスの東インド会社がインドに機械をもちこんで繊維製品の生産をはじめたため，インドの手工業による繊維産業は衰退した。

問2　下線部②に関連して，次の文のうち，幕末の日本のできごととして正しいものを1つ選べ。

ア　大老井伊直弼が通商条約に調印したあと桜田門外の変で暗殺されたため，幕府は安政の大獄で反対派の大名や公家を弾圧した。

イ　イギリスは，横浜郊外でおきた薩摩藩士によるイギリス人殺傷事件への報復として，イギリス艦隊を鹿児島に派遣して砲撃した。

ウ　討幕運動の高まりのなか，天皇が王政復古の大号令を宣言したので，将軍慶喜は朝廷に政権を返上して幕府領もさしだした。

★87　[日本の開国]　＜頻出

次の文章を読み，あとの問いに答えなさい。　（愛知高改）

1854年，幕府はアメリカ艦隊の威力におされて日米和親条約を結び，2港を開き，食糧・水・燃料などを補給することと（　①　）に領事を置くことを認めた。1856年，（　①　）に着いたアメリカ総領事の（　②　）は貿易を開始するために条約の締結を要求した。しかし，朝廷の許可は得られず，大老は独断で通商条約を結んだ。この条約の中には，日本で罪を犯した外国人を，その国の領事が裁く［　　］を認めているという不平等な内容が含まれていた。

問1　（　①　）・（　②　）にあてはまる語句の組み合わせとして正しいものを，次のア～オの中より1つ選び，符号で答えよ。

ア　①浦賀　②ビゴー　　イ　①下田　②ハリス　　ウ　①横浜　②ペリー

エ　①函館　②ラクスマン　　オ　①兵庫　②シーボルト

問2　［　　］にあてはまる語句を**漢字4字**で答えよ。

着眼

85　問1　aとbの内容に関連があるのは，ア～エのうち1つだけである。

86　問1　ウ．イギリス東インド会社は，1600年にエリザベス1世によって設立された貿易会社である。

★88 [開国とその影響]

次の各文章は，江戸時代の終わりころの出来事や政治について述べています。あとの問いに答えなさい。（大阪・精華高改）

A　この頃各地の藩では財政難がひどくなり，政治改革が行われました。特にa薩摩藩やb長州藩では専売を行ったり，海運に力を入れたりして財政の立て直しをはかり，幕府に大きな影響を与えるようになりました。

B　1854年幕府は，アメリカとの間に日米和親条約を結び，（　①　）と函館の2つの港を開きました。さらに1858年には大老の（　②　）が，c反対意見を無視して日米修好通商条約を結びましたが，この条約はd不平等であったため，経済が混乱し，武士や庶民の反感が高まってやがて（　③　）運動が始まりました。

C　江戸時代，幕府は日本人の海外渡航を禁止し，外国との交際を制限したe鎖国を行いました。しかし19世紀にはいると多くの外国船が日本近海にやってくるようになり，やがてアメリカの（　④　）が黒船に乗って日本の浦賀に入港しました。

問1　本文中の（　①　）～（　④　）にあてはまる適当な語句を語群から選び，記号で答えよ。

＜語群＞　ア　ペリー　イ　坂本竜馬　ウ　下田　エ　王政復古　オ　井伊直弼　カ　東京　キ　尊王攘夷　ク　ハリス

問2　本文中の下線部a・bの現在の県名を語群から選び，それぞれ記号で答えよ。

＜語群＞　ア　茨城県　イ　鹿児島県　ウ　高知県　エ　佐賀県　オ　山口県

問3　本文中の下線部cについて，1858年～1859年にこの反対意見を述べた人々が弾圧された事件を何というか，答えよ。

問4　本文中の下線部dについて，この時に結ばれた条約の不平等な点を2つ簡単に答えよ。

問5　本文中の下線部eの時代，交際が認められていた外国を次の語群から2つ選び，記号で答えよ。

＜語群＞　ア　ポルトガル　イ　オランダ　ウ　中国　エ　スペイン　オ　ロシア

★★89 [幕末の日本] ＜頻出

次の文を読み，あとの問いに答えなさい。（福岡・西南学院高）

アメリカ東インド艦隊司令官ペリーが来航した翌年に，江戸幕府は日米和親条約を結び，わが国は開国した。続いて，幕府は（　ア　）・（　イ　）・（　ウ　）とも同じような条約を結んだ。さらに大老となった井伊直弼は日米修好通商条約を結び，続いて（　イ　）・（　ウ　）・（　ア　）・（　エ　）とも同じような条約を結んだ。

こうして，(　オ　)・(　カ　)・(　キ　)・新潟・(　ク　)の5港が開かれ，外国との貿易が始まった。最大の貿易港は(　カ　)で，相手国は(　ア　)が中心であった。これらの国のなかで(　イ　)だけは，江戸時代に(　キ　)で貿易をおこなうことができた。

こうした動きに対して，攘夷を主張する長州藩は下関海峡を通過する外国船に砲撃を加えた。これに対して，(　ア　)・(　エ　)・アメリカ・(　イ　)の艦隊は連合して長州藩を攻撃し，下関砲台を占領した。

その後，(　オ　)には旧幕府系の人々が立てこもって対立したが，明治政府によって平定された。(　ウ　)とは，領土に関して一部所属が不明確な場所があり，明治になって帰属を明確にした。(　ク　)は，かつて平清盛が中国との貿易の利益を得るために整備した港である。

問1　(　ア　)～(　エ　)に適する国名の組み合わせを表の1～8より1つ選び，数字で答えよ。

1　(ア) イギリス　(イ) ロシア　(ウ) オランダ　(エ) フランス
2　(ア) オランダ　(イ) ロシア　(ウ) フランス　(エ) イギリス
3　(ア) ロシア　(イ) フランス　(ウ) イギリス　(エ) オランダ
4　(ア) イギリス　(イ) オランダ　(ウ) ロシア　(エ) フランス
5　(ア) オランダ　(イ) フランス　(ウ) イギリス　(エ) ロシア
6　(ア) フランス　(イ) オランダ　(ウ) ロシア　(エ) イギリス
7　(ア) ロシア　(イ) オランダ　(ウ) フランス　(エ) イギリス
8　(ア) フランス　(イ) イギリス　(ウ) オランダ　(エ) ロシア

問2　(　オ　)～(　ク　)に適する地名の組み合わせを表の1～8より1つ選び，数字で答えよ。

1　(オ) 函館　(カ) 神奈川 (横浜)　(キ) 長崎　(ク) 兵庫 (神戸)
2　(オ) 神奈川 (横浜)　(カ) 長崎　(キ) 兵庫 (神戸)　(ク) 函館
3　(オ) 長崎　(カ) 兵庫 (神戸)　(キ) 函館　(ク) 神奈川 (横浜)
4　(オ) 兵庫 (神戸)　(カ) 函館　(キ) 神奈川 (横浜)　(ク) 長崎
5　(オ) 函館　(カ) 兵庫 (神戸)　(キ) 長崎　(ク) 神奈川 (横浜)
6　(オ) 神奈川 (横浜)　(カ) 兵庫 (神戸)　(キ) 長崎　(ク) 函館
7　(オ) 長崎　(カ) 神奈川 (横浜)　(キ) 函館　(ク) 兵庫 (神戸)
8　(オ) 兵庫 (神戸)　(カ) 函館　(キ) 長崎　(ク) 神奈川 (横浜)

着眼

89　問1　最大貿易相手国が(ア)であった点と，(イ)だけは江戸時代に貿易を行うことができたという点に注意して解くと解答が導きやすい。問2　最大貿易港であった(カ)と江戸時代に貿易を行うことができた(キ)を考えるとよい。

★90 [幕末の流れ]

次の問いに答えなさい。　(福岡・久留米大附設高改)

次の事件を年代順に正しく配列したものを，ア～カから１つ選び，記号で答えよ。

Ⅰ　薩英戦争　　Ⅱ　薩長同盟の成立　　Ⅲ　四国連合艦隊下関砲撃事件

ア　Ⅰ―Ⅱ―Ⅲ　　イ　Ⅰ―Ⅲ―Ⅱ　　ウ　Ⅱ―Ⅰ―Ⅲ

エ　Ⅱ―Ⅲ―Ⅰ　　オ　Ⅲ―Ⅰ―Ⅱ　　カ　Ⅲ―Ⅱ―Ⅰ

★91 [江戸幕府の滅亡]

次の略年表を見て，あとの問いに答えなさい。　(群馬・前橋育英高改)

年代	できごと
1853年	ペリーが浦賀に来航
1854年	ペリーが浦賀に再び来航　…①
1867年	王政復古の大号令が出される…②

問１　年表中の①について説明した文として正しいものを，次のア～エから１つ選び，記号で答えよ。

ア　このとき結ばれた条約により，アメリカとの間で自由貿易がはじまった。

イ　このとき結ばれた条約により，幕府は，長崎と函館を開港し，鎖国をやめて開国にふみきった。

ウ　このとき結ばれた条約により，アメリカの領事を置く事を認めた。

エ　このとき，ほぼ同じ内容をもった条約がオランダ・ロシア・ドイツとも結ばれた。

問２　年表中の②について説明した文として正しいものを，次のア～エから１つ選び，記号で答えよ。

ア　天皇を中心とする新政府の樹立を宣言し，徳川慶喜に対し官職と領地を朝廷に返還することを強くせまった。

イ　徳川慶喜は政権を維持していくことは困難と判断し，朝廷に政権の返上を願い出た。

ウ　坂本竜馬の仲立ちにより，薩摩藩と長州藩が同盟を結び，討幕運動を開始した。

エ　江戸を東京と改称し，年号を明治と改めて，政治の中心を京都から東京に移した。

問３　年表の時期に活躍した薩摩藩の説明として正しいものを，次のア～エから１つ選び，記号で答えよ。

ア　この藩の藩士が生麦村でイギリスの商人を殺害する事件を起こした。

イ　この藩は下関海峡を通る外国船を砲撃した。

ウ　この藩はイギリス・フランス・アメリカ・オランダからなる4か国の連合艦隊に攻撃された。

エ　この藩の浪人たちが中心となって大老の井伊直弼を暗殺した。

★★92 ［アメリカと日本］ ＜頻出

次の文を読み，あとの問いに答えなさい。（熊本・九州学院高改）

近代ヨーロッパの世界支配と日本の開国

A　アメリカ総領事として下田に来た①ペリーが，通商条約を結ぶことを求めると，②井伊直弼は，反対派の意見をおさえ，朝廷の許可を得ないまま，③日米修好通商条約を結んだ。

B　討幕運動の高まりのなかで，④徳川慶喜は大政奉還を行った。

C　アメリカ合衆国では，関税を高くして工業製品の輸入をおさえようとした北部と，自由貿易と奴隷制を守ろうとした南部が対立し，南北戦争がおこったが，（　1　）大統領の奴隷解放宣言とともに，⑤北部が勝利した。

問1　（　1　）にあてはまる適当な語句を答えよ。

問2　文章中の下線部①～⑤には間違いが1つある。その番号を答え，正しく訂正せよ。

問3　A～Cを年代的に古いものから順に並べかえ，正しいものを下から選び，記号で答えよ。

ア　A→B→C

イ　B→A→C

ウ　C→A→B

エ　A→C→B

オ　B→C→A

カ　C→B→A

着眼

91　問1　1854年に結ばれた条約は日米和親条約である。1858年に結ばれた日米修好通商条約との違いなどに注意しながら解くこと。

7 近代日本のあゆみ

解答 別冊 p.29

★93 [明治時代の史料] <頻出

右の史料は，明治政府が土地の所有者に発行した証明書である。これについて，以下の問いに答えなさい。

（大阪・明星高改）

問１　この証明書が出された政策を，次のア～エから１つ選べ。

ア　版籍奉還　　イ　農地改革

ウ　地租改正　　エ　廃藩置県

問２　問１の政策に関する内容として誤っているものを，次のア～エから１つ選べ。

ア　地価の５％にあたる額を税とした。

イ　税は米ではなく，貨幣で納めるようになった。

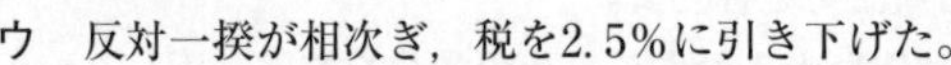

ウ　反対一揆が相次ぎ，税を2.5％に引き下げた。

エ　政府収入が安定し，財政の基礎が固まった。

★★94 [明治維新と憲法] <頻出

次の文や史料を読んで，あとの問いに答えなさい。

（熊本・真和高改）

1871年の（　　）の断行と同時に，中央政府の集権体制も整備され，①太政官を３院制とし，そのもとに②各省を設置する制度へ改めた。これにより少数の公家以外は，薩摩・長州を中心に土佐・肥前の４藩出身の実力者が実権をにぎった。

問１　文中の（　　）にあてはまる語句を，次のア～エから１つ選び，その記号で答えよ。

ア　廃藩置県　　イ　徴兵令

ウ　版籍奉還　　エ　地租改正

問２　下線部①について，太政大臣に就任した人物を，次のア～エから１人選び，その記号で答えよ。

ア　木戸孝允　　イ　岩倉具視

ウ　三条実美　　エ　大久保利通

問３　下線部①について，太政大臣・左大臣・右大臣とともに正院を構成した重職を答えよ。

問４　下線部②について，鉄道を開設するなど殖産興業政策を担当した省を答えよ。

★★95　[明治維新の諸政策]

次のA・Bの文の下線部から誤っているものを１つ選び，記号と正しい語を答えなさい。（大阪・開明高改）

A　政府は1868年に㋐五箇条の御誓文を出して新政府の政治方針を示し，政治の仕組みとしては㋑太政官制をとった。さらに，1871年には㋒版籍奉還を断行して中央集権体制をかためた。

B　政府は財政基盤の強化のために㋐1873年に地租改正を開始した。土地所有者には地券を発行し，㋑石高の３％を地租として㋒現金で納めるように義務づけた。

★96　[学制と殖産興業]

次の明治時代に関する文章を読んで，あとの問いに答えなさい。（佐賀・弘学館高改）

1872年，政府はフランスの教育制度をもとに学制を発布し，全国各地に①小学校をつくることとした。当初，校舎の建設費や授業料などが，すべて住民の負担であったため，学制に反対する一揆が起こった。一方，政府は欧米諸国から優秀な教師を招いて高等教育の指導にあたらせた。東京大学に招かれて大森貝塚を発見したモースや札幌農学校の創設に加わったクラークなどは特に有名である。欧米の新しい考え方が導入されると封建的な考え方が否定され，②自由民権運動などにも大きな影響を与えることになった。

また，産業面でも，③政府は資金を投じ，欧米の進んだ技術や機械を取り入れ，官営工場をつくり，民間工場に範を示しながら，資本主義の育成をはかった。

問１　下線部①について，次の小学校教育に関する事項より，明治時代のこととして適切でないものを１つ選び，記号で答えよ。

ア　教科書が国定となった。

イ　小学校に通う児童の割合が90％を超えた。

ウ　６年間の義務教育となった。

エ　国民学校という名称が用いられた。

問２　下線部②について，フランスのルソーの著書を翻訳して『民約訳解』を著し，自由民権運動に大きな影響を与えた人物は誰か，答えよ。

問３　下線部③について，次の問いに答えなさい。

(1)　政府のこのような産業奨励策を何というか。**漢字４字**で答えよ。

(2)　官営工場の中で群馬県に建てられた富岡製糸場で生産されていた製品として正しいものを，次のア～エから１つ選び，記号で答えよ。

ア　綿糸　　イ　毛糸　　ウ　生糸　　エ　レーヨン

着眼

94　問２　この人物は公家出身で，太政大臣に就任したのは1871年である。問３　太政大臣・左大臣・右大臣よりも下位だが，明治維新に功績のあった薩長土肥の出身者が就任し，国策の決定に大きな影響力を持った。

★★ 97 [明治時代の外交]

以下の史料を読んで問いに答えなさい。(京都・立命館宇治高改)

史料

『我国は隣国の開明を待って，共に亜細亜を興すの猶予あるべからず。むしろその伍を脱して，西洋の文明国と進退を共にし，その中国朝鮮に接するの法も，隣国なるがゆえにとて特別の会釈に及ばず。正に西洋人がこれに接するの風に従いて処分すべきのみ。』

問1 史料の言葉を述べた人物は，『西洋事情』『学問のすすめ』を著した人物として知られている。史料の言葉を述べた人物名を漢字4字で答えよ。

問2 以下の出来事のうち，史料の当時の「正に西洋人がこれに接するの風」にあたるものを選び，記号で答えよ。

ア 三国干渉　イ 義和団事件　ウ アヘン戦争　エ 下関条約
オ 甲午農民戦争

★★★ 98 [国境の画定]

次の明治時代に関する文章を読んで，あとの問いに答えなさい。(佐賀・弘学館高改)

政府は日本の領土と国境を画定するため，近隣諸国との間の問題解決を急いだ。1871年には①清国と対等な条約を結んで国交を開いた。江戸時代，清と日本の両方に属していた琉球については，②台湾出兵をきっかけに1879年に③沖縄県として日本領に組み込んだ。④朝鮮にも国交を開くことを求めたが，朝鮮が応じなかったため，江華島事件を利用して圧力をかけ，1876年に⑤不平等な条約を結ばせた。ロシアとの間では，1875年新たに⑥樺太・千島交換条約を結び，樺太を放棄するかわりに千島全島を日本領とした。

また，⑦江戸時代に結んだ不平等条約の⑧改正交渉も行われるようになったが，実際に⑨不平等な状態が完全に改正されるまでには長い年月がかかってしまう結果となった。

問1 下線部①について，この条約の名前を答えよ。

問2 下線部②について，台湾はこの後日本の植民地となったが，植民地だった期間を示しているものを次より選び，記号で答えよ。

ア 1895～1945年　イ 1905～1945年
ウ 1895～1951年　エ 1905～1951年

問3 下線部③について，このような行為を何というか，次のア～エから1つ選び，記号で答えよ。

ア 日清両属　イ 琉球処分
ウ 本土返還　エ 廃藩置県

問4 下線部④について，朝鮮（韓国）と日本に関連する次のア～エの事項を年代の古い順に並べて，記号で答えよ。

ア 三・一独立運動　イ 日韓基本条約
ウ 韓国併合　エ 伊藤博文暗殺

問5　下線部⑤について，この条約の名前を答えよ。

難▶問6　下線部⑥に関連して，幕末に日露和親条約を結んだとき，ロシアとの間で国境を定めたが，それはどこの島とどこの島との間とされたか。島名をそれぞれ**カタカナ**で答えよ。

問7　下線部⑦について，このような条約のうち，1858年にアメリカとの間に結ばれた条約を何というか，次のア～エから1つ選び，記号で答えよ。

ア　日米和親条約　　イ　日米修好通商条約
ウ　日米安全保障条約　　エ　日米地位協定

問8　下線部⑧について，不平等条約の改正交渉に関わった次のア～エの人物を，交渉を行った年代が古い順に並べかえよ。

ア　陸奥宗光　　イ　岩倉具視
ウ　井上馨　　エ　小村寿太郎

問9　下線部⑨について，不平等条約が完全に改正された年代に最も近いできごとを，次のア～エから1つ選び，記号で答えよ。

ア　韓国併合条約が結ばれた。
イ　日清戦争の講和条約である下関条約が結ばれた。
ウ　ロシアの南下政策に対抗して日英同盟が結ばれた。
エ　アメリカ大統領の仲介でポーツマス条約が結ばれた。

★★99 [自由民権運動]

次の明治時代に関する文章を読んで，あとの問いに答えなさい。　（佐賀・弘学館高）

明治六年の政変で政府を去った板垣退助らは，薩長出身者が政府の要職を独占している状態を藩閥政治だと批判した。そして，1874年に（　①　）設立の意見書を政府に提出し，自由民権運動を起こした。その後，板垣は郷里の土佐で②立志社を設立したが，このような政治結社が各地に生まれた。開拓使の払い下げ事件が世論の大きな反発を招くと，政府は国会を1890年に開くことを約束した。板垣や大隈重信らは，国会開設に備えて政党を結成した。

問1　文章中の（　①　）に当てはまる語句を答えよ。

問2　下線部②について，立志社を中心とし，国会開設をめざして1880年に設立された政治結社を何というか。

着眼

98　問8　ア．陸奥宗光（むつむねみつ）は，領事裁判権の撤廃を実現した人物。イ．岩倉具視（いわくらともみ）は，条約改正の予備交渉を行ったが失敗した人物。ウ．井上馨（かおる）は，鹿鳴館（ろくめいかん）を建設するなどの欧化主義政策を行ったが失敗した人物。エ．小村寿太郎（こむらじゅたろう）は，関税自主権の回復を実現した人物。

★★100 [自由民権運動と大日本帝国憲法]

次の自由民権運動に関する文章を読み，あとの問いに答えなさい。 (大阪・明星高改)

明治時代になると，今までの思想が古いと批判され，欧米の近代思想や生活様式などが積極的に取り入れられた。なかでも自由・平等は天から与えられたものだと説く天賦人権思想は，①藩閥政府に不満をもつ人々に受け入れられ，政治運動にまで発展した。

1874年には，征韓論を主張して政府を退いた（　1　）が民選議院設立の建白書を提出し，選挙による議会を開くように要求した。しかし，②新政府に不満を持つ士族のなかには各地で反乱を起こす者もあり，③1877年に鹿児島県で起こったものは，士族の反乱としては最後でかつ最大規模のものであった。その反乱が政府によって鎮圧された後は士族の武力による反乱も終結し，言論によって政府に立ち向かうこととなった。1880年には各地の代表者を集めた愛国社が（　2　）に改称され，国会開設の運動を盛大に行った。これに対して政府は，④自由民権運動を抑制するため出版や言論・集会などの取り締まりを強化した。しかし翌年，⑤北海道開拓使の施設払い下げ問題が起こると，政府は10年以内に国会を開設することを公約した。国会開設の時期が決定すると自由党や立憲改進党などの政党がつくられ，議会への議員選出の準備にあたった。一方，この頃になると景気の悪化とともに自由民権運動に参加していた人々の生活は苦しくなり，一部の自由党員のなかには困窮する農民と結んで反乱を起こす者もあらわれた。そのため自由党の指導者たちは政府の弾圧をおそれて，1884年に自由党を解散した。

政府内においては国会開設の公約の後，1885年に（　3　）制度を整備し，その後，⑥欽定憲法である大日本帝国憲法を発布して法治国家としての体制を整えた。憲法発布の翌年にははじめての衆議院議員の総選挙が行われ，第1回帝国議会が開かれた。

問1　文中の空らん（　1　）～（　3　）にあてはまる語句を記せ。

問2　下線部①について，薩摩藩とともに政府の要職を独占した藩名を記せ。

問3　下線部②について，江藤新平が中心となり起こした反乱を次のア～エから1つ選び，記号を記せ。

ア　秋月の乱　　イ　佐賀の乱　　ウ　萩の乱　　エ　神風連の乱

問4　下線部③について，この反乱の名を答えよ。

問5　下線部④について，政府が1880年に制定した法令を次のア～エから1つ選び，記号を記せ。

ア　新聞紙条例　　イ　保安条例　　ウ　集会条例　　エ　治安維持法

問6　下線部⑤について，この事件に関係するとして政府を追放となった人物を次のア～エから1つ選び，記号を記せ。

ア　中江兆民　　イ　植木枝盛　　ウ　大久保利通　　エ　大隈重信

問7　下線部⑥について，大日本帝国憲法が発布された年を次のア～エから1つ選び，記号を記せ。

ア　1887年　　イ　1889年　　ウ　1891年　　エ　1894年

★★101 [明治時代の史料]

次の史料を読んで，あとの問いに答えなさい。　（熊本・真和高改，大阪・帝塚山学院高改）

第1条　大日本帝国ハ万世一系ノ［ a ］之ヲ統治ス

第11条　［ a ］ハ陸海軍ヲ統帥ス

第29条　日本臣民ハ［ b ］ノ範囲内ニ於テ言論著作印行集会及結社ノ自由ヲ有ス

問1　上の史料は，天皇が国民に授けるという形で発布されたものの一部である。これにより，日本は東アジアにおける最初の立憲君主国となった。この法令名を下から選び，記号で答えよ。

ア　日本国憲法　　イ　大日本帝国憲法　　ウ　御成敗式目　　エ　十七条憲法

問2　右の図は，史料が発布された式典の様子である。この時に史料の原本を受け取った首相を，次のア～エから1人選び，その記号で答えよ。

ア　大隈重信　　イ　黒田清隆

ウ　伊藤博文　　エ　板垣退助

問3　上の法令制定の中心となって，ヨーロッパ各国の憲法を研究し，我が国最初の内閣総理大臣となった人物を下から選び，記号で答えよ。

ア　陸奥宗光　　イ　伊藤博文

ウ　大隈重信　　エ　板垣退助

問4　史料の［ a ］・［ b ］にあてはまる語句を，それぞれ**漢字2字**で答えよ。

問5　史料が発布された翌年の出来事を正しく述べた文を，次のア～エから1つ選び，その記号で答えよ。

ア　治安維持法が制定され，私有財産制度の廃止を主張したりする社会主義に対する取り締まりが強化された。

イ　第1回衆議院議員選挙が実施され，民権派の流れをくむ民党が過半数の議席を獲得した。

ウ　教育基本法が発布され，忠君愛国や親への孝行が教育の基本であることが強調された。

エ　日本で最初の労働者の祭典であるメーデーが行われ，最低賃金制，8時間労働制などが要求された。

着眼

100　問6　この人物は，早稲田大学の創立者として有名。北海道開拓使の施設払い下げ問題とは，北海道開拓に使用された施設・設備などを払い下げる際に，当時の開拓使長官黒田清隆が，不当に安い価格で業者に払い下げようとして問題化したもの。

★102 [帝国議会の開設]

次の文の下線部から誤っているものを1つ選び，記号と正しい語を答えなさい。

（大阪・開明高改）

1890年に開催された帝国議会は，㋐貴族院と衆議院からなり，衆議院は国民の選挙によって選出された議員で構成されていた。初めての総選挙では，有権者は㋑15円以上の直接国税を納める㋒30歳以上の男子に限られていた。

★★103 [日清戦争①]

次の文章を読んで，（　　）にあてはまる語句を入れ，あとの問いに答えなさい。

（大阪・追手門学院大手前高改）

朝鮮では，1894年，①外国人を追い払おうとする農民の反乱が起こり，政府軍を破って朝鮮南部に勢力を広げた。農民の反乱を押えきれなくなった朝鮮政府は②清に援軍を求め，日本も清に対抗して朝鮮へ軍隊を送り，両軍の間で（　a　）が起こった。この戦争は，軍隊の近代化を進めていた日本の勝利に終わり，③（　b　）で講和条約が結ばれた。

問1　下線部①の名称を次から選び，記号で答えよ。

ア　アヘン戦争　　イ　セポイの反乱

ウ　東学党の乱　　エ　南北戦争

問2　下線部②について，次の問いに答えよ。

(1)　このころの中国において，最も植民地が多かった国を次から選び，記号で答えよ。

ア　イギリス　　イ　フランス

ウ　ドイツ　　エ　ロシア

(2)　列強に侵略された中国で，辛亥革命を指導し，中華民国が成立したときの初代大総統になった人物名を次から選び，記号で答えよ。

ア　袁世凱　　イ　煬帝　　ウ　李白　　エ　雪舟　　オ　杜甫

問3　下線部③について，次の各問いに答えよ。

(1)　この条約の内容で誤っているものを次から選び，記号で答えよ。

ア　日本は清から賠償金を得た。

イ　清は朝鮮の独立を認めた。

ウ　日本は清から台湾を得た。

エ　日本は清から琉球を得た。

難▶(2)　わが国は清から，この条約によって遼東半島を得たが，ヨーロッパのある3国が遼東半島を清に返還するように求めたため，この要求を受け入れて返還した。この出来事を何というか。またその3つの国を答えよ。そしてこの出来事の後，流行した「目的を達成するために努力をすること」という意味の言葉も答えよ。

★★104 [日清戦争②]

次の文章は，日本と朝鮮半島の国との関係を述べたものです。次の文章を読んで，あとの問いに答えなさい。（東京・開成高改）

19世紀末，日本と清国は朝鮮の支配をめぐって対立した。この対立のなかで封建的支配や外国人排斥をめざして，民間信仰から生まれた宗教を信仰する農民を中心に，1894年，朝鮮南部で甲午農民戦争が起きた。日本と清国はともに朝鮮に出兵してこれを鎮圧したが，その後に両国の対立は激化して日清戦争が始まった。

問　下線部の日清戦争の結果，下関で講和条約が結ばれた。この下関条約と日清戦争前後の外交についての正しい説明を下から２つ選び，記号で答えよ。

ア　遼東(リアオトン)半島が日本に割譲されたが，ロシア・アメリカ・ドイツがその返還を要求してきた。

イ　宮古島や八重山諸島などの先島(さきしま)諸島が，台湾の属島として日本に割譲された。

ウ　清国から日本に賠償金２億両(テール)（日本円で約３億１千万円）が支払われ，その一部で八幡製鉄所が建設された。

エ　下関条約は，桂太郎首相と小村寿太郎外相が，清国の李鴻章と交渉したすえに締結された。

オ　日清戦争の直前，イギリスは領事裁判権撤廃など，日本との不平等条約の改正に同意した。

★105 [下関条約]

次の資料について，あとの問いに答えなさい。（広島・崇徳高改）

第１条　清国は，朝鮮国が完全な独立国であることを認める。したがって，朝鮮国の自主独立をさまたげる，朝鮮国から清国へみつぎものをもって行くようなことは，これからはすべて廃止する。

第２条　清国は，次の土地の主権とその地方にある城塁(じょうるい)・兵器工場や政府の所有物を，永遠に日本国にあたえる。

一，ⓐ遼東(リアオトン)半島

一，［①］とそれに付属の島

一，澎湖(ポンフー)諸島

第４条　清国は，軍事費の賠償金として銀２億両(テール)を，支払うことを約束する。

問１　次ページのグラフは，上の条約が結ばれた前と後のわが国の品目別輸出輸入の割合（『日本貿易精覧』より）を表すものである。グラフ中Ⓑの品目名は何か。あと

着眼

103 問３　(2)３国のうち，このできごとを主導したのは，中国東北部に接し，この地域への野心を持つ国である。またこの言葉は，中国の春秋時代の故事からきたもので，薪(まき)の中に寝たり，苦い肝(きも)をなめるといった苦しい思いをして，報復を忘れまいとする志をいう。

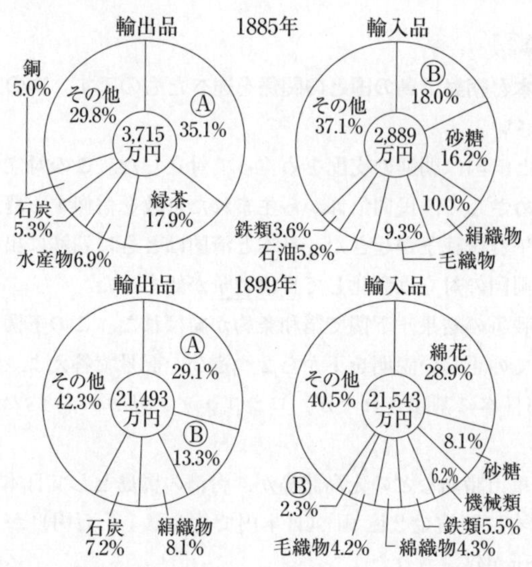

のア～エから選び，記号で答えよ。

ア　米　　イ　生糸　　ウ　綿糸　　エ　木材

問２　ロシア・フランス・ドイツが，資料の下線部ⓐの地域を清に返すように要求したことを何とよぶか。漢字４字で答えよ。

問３　資料の文中の ① に入る地名を漢字２字で答えよ。

★106 ［明治時代全般］

次の⑴・⑵の文の下線部㋐～㋕には，それぞれ２つ誤りがあります。誤っている下線部の記号を答え，正しく書き改めなさい。（大阪教育大附高天王寺改）

⑴　㋐地租改正をめぐる争いから政府を去った板垣退助たちは，1874年，㋑民撰（選）議院開設の要求を政府に提出した。ここからはじまった自由民権運動は，初めは士族中心の運動であったが，地方の有力な農民にも広まり，1880年には全国の運動の代表が大阪に集まり，㋒国会期成同盟をつくった。政府は，運動をきびしくとりしまったが，政府を攻撃する声はさらに強くなった。このため政府は，㋓1881年，10年後に国会を開設することを天皇の名で国民に宣言した。そこで，国会開設にそなえて，板垣退助たちは㋔自由党をつくり，ついで，㋕伊藤博文たちは立憲改進党をつくった。

⑵　1894年，朝鮮で，外国勢力の追放と政治改革をめざす甲午農民戦争がおこると，それをきっかけに清と日本が朝鮮に出兵し，日清戦争が始まった。戦争の開始直前に，日本は㋐イギリスとの条約改正に成功し，㋑関税自主権の完全回復が行われることになった。戦争は日本の勝利に終わり，㋒下関条約が結ばれた。条約では，清は㋓朝鮮の独立を認めること，㋔山東（シャントン）半島・㋕台湾などを日本にゆずること，巨額の賠償金を支払うことなどが決められた。

★★107 ［日露戦争］

次の文章を読んで，（　　）にあてはまる語句を入れ，あとの問いに答えなさい。

（大阪・追手門学院大手前高改）

わが国では1902年，（　①　）の南下を恐れた（　②　）とa同盟を結び，その後1904年にはb（　③　）戦争が起こった。この戦争に勝利した日本はcポーツマス条約を翌年に結ぶこととなった。日清戦争に次ぐ，日露戦争の勝利によって，わが国の国際的地位は飛躍的に高まった。

難▶問1　次の図は，下線部aを結んだ後の国際状況を表したものであり，図中の①・②・③の人物はある国を表している。それぞれの国名を答えよ。

問2　下線部bについて，次の各問いに答えよ。

⑴　この戦争に弟が参加し，その弟を思う気持ちを詩にして発表した人物を答えよ。

⑵　この戦争に社会主義の立場から反対を表明し，1910年，政府によって処刑された人物を答えよ。

⑶　この戦争が起こった頃に活躍していた夏目漱石の**著作ではないもの**を次から選び，記号で答えよ。

ア　『吾輩は猫である』　　イ　『坊っちゃん』
ウ　『浮雲』　　エ　『草枕』

問3　下線部cについて，次の各問いに答えよ。

⑴　ポーツマス講和会議に参加した日本の全権として正しい人物を次から選び，記号で答えよ。

ア　陸奥宗光　　イ　伊藤博文
ウ　小村寿太郎　　エ　井上馨

着眼

107　日露戦争が長引くと，日本は兵力・武器が乏しく資金面でも苦しくなった。そんな中，ロシアで革命が起こり，両国とも戦争を続けるのが難しくなった。日本は勝利したが，戦争で得た利益は少なく，兵役や重税の犠牲をはらい，我慢してきた国民の不満は高まった。
問1　図中をよく見るとヒントがある。

⑵　ポーツマス条約を仲介したアメリカ大統領として正しい人物を次から選び，記号で答えよ。

ア　リンカーン　　　イ　ワシントン

ウ　ウィルソン　　　エ　ルーズベルト

⑶　ポーツマス条約に関する次の文章の中で，正しいものを２つ選び，記号で答えよ。

ア　日本が韓国に対して一切の指導権を持ち，日本の植民地とすることをロシアは承認する。

イ　旅順・大連の租借権および長春以南の鉄道と付属の権利を，清国が日本に譲ることをロシアは承認する。

ウ　北緯50度以南の樺太と千島列島を日本に割譲する。

エ　沿海州とカムチャツカの漁業権を日本に与える。

オ　講和条約に不満だった日本の民衆は，日比谷で焼き打ち事件を起こし，東京には戒厳令がしかれた。

カ　講和条約に不満だったロシアの民衆は，いわゆる血の日曜日事件を起こし，革命のきっかけとなった。

⑷　ポーツマス条約が結ばれた何年後に韓国併合を行うことになるか，次から選び，記号で答えよ。

ア　２年後　　　イ　５年後

ウ　７年後　　　エ　10年後

★★108　[明治時代の外交と産業革命]

以下の史料を読んで，あとの問いに答えなさい。（京都・立命館宇治高改）

史料A

『今や両国は帝国主義的な野望を実現する為に戦争を始めたが，社会主義者の眼中には，人種の差別もなく，国籍の区別もない。諸君の敵はロシア人ではない。我々の敵は，今の愛国主義者であり軍国主義である。我々は共通の敵にすみやかに戦争をやめさせ，平和を回復しよう。』

問１　以下の人物のうち史料Aと明らかに異なる立場の人物を選び，記号で答えよ。

ア　堺利彦　　　イ　内村鑑三

ウ　幸徳秋水　　　エ　伊藤博文

史料B

『暖簾のかげに伏して泣く　あえかにわかき新妻を　君わするるや思へるや
十月も添わでわかれたる　少女ごころを思ひみよ　この世ひとりの君ならで
あぁまた誰をたのむべき　君死にたまふことなかれ』

問２　史料Bの詩を残した宇治市にもゆかりのある人物名を漢字５字で答えよ。

史料C

『私が製糸工場へ入ったすぐあと，12歳の妹も同じ工場へ働きに行きました。２年ぐらい働きましたが，腹膜炎になって工場で寝ていました。あのときは30人くらい病人がいました。妹もしばらくして家へ帰され，まもなく死にました。13歳でした。立派な工女になって母を喜ばせると気負ってきたのに，青ざめて工場を出て行くときのあの悲しげな目を私は一生忘れません。』

問３　日本で産業革命が起きた頃のことを示すのが**史料C**であるが，産業革命に関する以下の文のうち**間違っている文**を選び，記号で答えよ。

ア　日本の産業革命の土台として，江戸時代に農家に糸や機織を貸して織らせ，工賃を渡して織らせるような制度である問屋制家内工業が確立していた。

イ　日本の産業革命の土台として，貧しい農家の人々を奉公人として雇い，分業で仕事をさせる工場制手工業という生産方式が確立していた。

ウ　イギリスの産業革命の土台として，市民革命で産業活動が自由になった市民が，問屋制家内工業による毛織物生産をより盛んに行ったことがあげられる。

エ　イギリスの産業革命の土台として，武器や雑貨をアフリカで売り，そこで黒人を買ってアメリカに運ぶ奴隷貿易で得た資本の存在があった。

難▶問４　文章のような経済成長の背景にあった明治政府の帝国主義政策について具体的に説明せよ。

史料D

「地図の上　朝鮮国にくろぐろと　墨をぬりつつ秋風を聞く」

「明治四十三年の秋　わが心　ことに真面目になりて悲しも」

問５　**史料D**の歌は石川啄木の詠んだ有名な歌であるが，彼は何に対して批判を加えているのか，正しいものを次のア～エから１つ選び，記号で答えよ。

ア　江華島事件　　イ　韓国併合

ウ　日清戦争　　エ　征韓論

問６　**史料D**の歌の作者である石川啄木の作品として正しいものを次のア～エから１つ選び，記号で答えよ。

ア　若菜集　　イ　羅生門

ウ　一握の砂　　エ　みだれ髪

着眼

108　問１　**史料A**は，当時の政府に反対する立場で書かれている。**問２**　詩の最後の文に注目すると作者がわかる。**問３**　日本の産業は，問屋制家内工業→工場制手工場（マニュファクチュア）→工場制機械工業という流れで発展したことから考える。

8 二度の世界大戦と日本

解答 別冊 p.33

★★★ 109 [第一次世界大戦]

次の文章を読み，あとの問いに答えなさい。 (福岡・明治学園高改)

19世紀後半から，ヨーロッパ列強は自国の経済的発展のために，アフリカ・アジアなどの後進地域を強引に合併する(a)政策を遂行した。また，利害を同じくするヨーロッパ列強は，ドイツを中心に（ 1 ），イギリスを中心に（ 2 ）を結び，鋭く対立した。このような国際関係の緊迫化につれて，民族的対立が複雑なバルカン半島は“（ 3 ）”と呼ばれた。1914年サラエヴォ事件を契機に，(b)第一次世界大戦が勃発した。それは帝国主義時代の必然的な帰結であった。ヨーロッパを主戦場として，植民地も巻き込む第一次世界大戦の惨禍は未曾有であった。この大戦は，アメリカの参戦と（ 4 ）が転機となり，終結に向かった。1919年に講和会議がパリで開かれ，ヴェルサイユ条約が結ばれた。ドイツはすべての(c)植民地と本国の一部を失い，また巨額の賠償金を支払うことになった。

問1 文中の空欄（ 1 ）～（ 4 ）にふさわしい語句を次の中から選び，記号で答えよ。

ア 持てる国　イ 持たざる国　ウ ヨーロッパの火薬庫　エ ドイツ革命
オ 三国同盟　カ 三国協商　キ ブロック経済圏　ク ロシア革命

難▶問2 下線部(a)について，ドイツの政策は，ベルリンからどこに至る地域を確保しようとしたか。その都市名を記せ。

問3 下線部(b)について，日本が連合国側に参戦した口実は何か，漢字4字で記せ。

難▶問4 下線部(c)について，これによって日本も委任統治権を獲得したのはどこか。その地名を記せ。

★★★ 110 [第一次世界大戦とその後の世界]

次の文章を読んで，あとの問いに答えなさい。 (東京・お茶の水女子大附高改)

第一次世界大戦中のロシアでは，労働者のストライキや兵士の反乱が続き，各地で，[1]とよばれる労働者・農民・兵士による代表者会議がつくられた。皇帝は退位したものの，ロシアの政治状況は安定せず，[2]の指導のもとに①社会主義を唱える世界最初の政府が成立した。

1919年にパリで講和会議が開かれ，②戦後の体制について話し合われた。「民族自決」の原則のもと，③ヨーロッパでは多くの国が独立し，紛争を解決する機関として④国際連盟が成立した。しかし，「民族自決」がヨーロッパに限定されたように，戦勝国の利益が優先されることが多かった。